VERÖFFENTLICHUNGEN

DES

MITTELEUROPÄISCHEN WIRTSCHAFTSVEREINS

HEFT I.

# MATERIALIEN

BETREFFEND DEN

## MITTELEUROPÄISCHEN WIRTSCHAFTSVEREIN.

HERAUSGEGEBEN

VON

**Dr. JULIUS WOLF**

ORD. PROFESSOR DER STAATSWISSENSCHAFTEN, GESCHÄFTSFÜHRENDEM VIZEPRÄSIDENTEN DES MITTELEUROPÄISCHEN WIRTSCHAFTSVEREINS IN DEUTSCHLAND.

ZWEITE AUSGABE.

BERLIN

DRUCK UND VERLAG VON GEORG REIMER

1904.

# Inhaltsverzeichnis.

# Vorwort.

Vor über drei Jahren wurde vom Schreiber dieser Zeilen eine Schrift veröffentlicht „Das deutsche Reich und der Weltmarkt“, in welcher gesagt war: „Das Wort von den ‚Vereinigten Staaten von Europa‘, die sich gegen die Vereinigten Staaten von Amerika zusammenschließen müßten, ist im Laufe der Jahre öfter gefallen. Mehr als je aber drängt sich in unseren Tagen ein Zusammenschluß wirtschaftspolitischer Art als ein Ausweg aus den Schwierigkeiten auf, welche 1. die überlegene Stellung Amerikas auch als industriellen Konkurrenten, 2. das Manko an Nahrungsmitteln Deutschland und anderen Staaten des mittleren Europa bereiten kann. Am 7. Januar 1901 sagte Staatssekretär Lodge im Senate der Vereinigten Staaten: ‚Der Handelskrieg mit Europa hat bereits begonnen, er kann nur mit der kommerziellen und wirtschaftlichen Suprematie der Vereinigten Staaten über die ganze Welt enden‘. Diese von amtlicher Stelle gesprochenen Worte entsprechen der allgemeinen Stimmung in Amerika, und man kann nach dem früher Gesagten unmöglich leugnen, daß hinter dieser Stimmung die entsprechenden Machtmittel stehen.“

Absichten wie diesen gegenüber, hieß es weiter, ist die Zeit zum Handeln gekommen. Die Richtung des „Handelns“ betreffend, wurde zunächst des Vorschlags eines weithin bekannten österreichischen Volkswirts gedacht. Alex. v. Peez hatte kurz vorher einen europäischen Zolltarif gegen Amerika vorgeschlagen: „An die europäische Seegrenze (England innerhalb dieses Gebietes auf unsere Seite fallend) wäre ein Zolltarif zu legen, als welchen wir, vielleicht mit geringen Änderungen, den bisherigen Tarif der Union in Vorschlag bringen möchten, während die europäischen Staaten unter sich, wenn möglich nicht allzu weit von dem gegenwärtigen status quo der Zölle sich entfernen sollten.“ Es war ein gewiegter Praktiker, der diesen Vorschlag machte. Trotzdem schien er mir nicht zweckentsprechend. „Daß die Staaten Europas sich über die Sätze eines Tarifs einigen, der gegen Nordamerika zur Anwendung zu bringen wäre, daß sie überhaupt sämtlich die hier empfohlene Kampfstellung gegen Amerika nehmen, ist in hohem Grade unwahrscheinlich. So und soviele Sonderwünsche wirtschaftlicher und politischer Natur, so und soviele Rivalitäten stehen dem entgegen.“ Ich erinnerte an das besondere Verhältnis Englands und Rußlands zu Nordamerika! Wohl sei auch England von Beklemmungen mit Bezug auf Amerika nicht frei. Nachdem Stanley Jevons bereits 1866 (The coal Question) ausgesprochen hatte, die große Gefahr, welche die industrielle Suprematie Englands bedrohe, komme von den Vereinigten Staaten, erklärte der Präsident des englischen Handelsamts, Ritchie, am 23. November 1897: „Wie sehr immer wir die Konkurrenz Deutschlands zu fürchten haben, zehnmal gefährlicher ist die der Vereinigten Staaten Amerikas.“ Trotzdem sei an ein Zusammengehen Englands mit den Staaten des europäischen Kontinents nicht zu denken. Wenigstens heute und morgen nicht! Wie immer im politischen Leben wäre es aber auch hier gefehlt, den zweiten Schritt machen zu wollen, ehe der erste gemacht sei. Was sei der erste Schritt, sei das Mögliche?

„Es kann sich“, wurde hierüber ausgeführt, „wenn der Plan der wirtschaftspolitischen Annäherung einer Anzahl Staaten verfolgt werden soll, offenbar nur darum handeln, die Staaten Mitteleuropas einander zu nähern, sie auf das ihnen Gemeinsame hinzuweisen und auf diese Weise, wenn auch nicht zu einem Zusammenschluß, doch zu einem Zusammengehen von Fall zu Fall zu führen.“

So wenig wie an eine Kontinental- oder an eine „Europa-Sperre“, sei also an eine Zollunion zu denken. Auch dieser Plan sei ja viel und eifrig ventiliert. Der Plan einer Zollunion sei aber unter den Verhältnissen von heute als utopisch zu bezeichnen. Dagegen sei es allerdings richtig, daß wenn Staatengebiete wie Deutschland, Österreich-Ungarn, die Schweiz, späterhin vielleicht die Niederlande im Nordwesten und die Balkanstaaten im Südosten, abermals in einem späteren Zeitpunkt Italien, Frankreich, Belgien sich wirtschaftlich einander nähern unter vorbehaltloser und uneingeschränkter Wahrung ihres wirtschaftlichen Selbstbestimmungsrechtes, in einem derartigen Zusammenschluß, in einer derartigen Verständigung über gemeinsame wirtschaftliche Interessen und Ziele jeder von den Staaten eine Stärkung seiner wirtschaftspolitischen Position erfahren müsse. Es sei wahrscheinlich, daß ein wirtschaftliches Einvernehmen, eine wenn auch lose wirtschaftliche „Allianz" dieser Staaten sie fähig mache, für jeden einzelnen von ihnen dem ferneren Ausland bessere Bedingungen abzugewinnen als in der Vereinzelung.

Auch mit Rücksicht auf eine große Zahl weiterer Aufgaben wurde die Ersprießlichkeit eines „familienmäßigen Zusammenschlusses einer Anzahl Völker, welche unter mehr als einem Gesichtspunkte eine Familie darstellen und zu gegenseitiger Handreichung auf dem wirtschaftspolitischen Gebiete bestimmt" seien, betont. — —

Bei diesen Ausführungen hatte es nicht sein Bewenden.

Es schien mir eine Arbeitsstätte für die Betreibung jener Gedanken geschaffen werden zu müssen, sollten sie Wurzel fassen und Früchte tragen. Mit Broschüren, Zeitungsartikeln, auch Resolutionen war es nicht getan.

So wurde an die Ausarbeitung des Planes eines „Vereins zur Förderung der gemeinsamen wirtschaftlichen Interessen der mitteleuropäischen Staaten" und die Fixierung des Programms für diesen gegangen. Die Aufgabe war nicht ganz einfach. Es galt von vornherein Mißtrauen aus dem Wege zu räumen, Bedenken die Spitze abzubrechen, den Vereinszweck dabei aber doch in vollem Umfang, in voller Bestimmtheit zur Geltung zu bringen.

Die Klippen, welche dem Unternehmen gefährlich werden konnten und die darum zu umschiffen waren, waren alsbald völlig deutlich geworden.

Es stellte sich heraus, daß, sollte der Plan auf den Beifall der verschiedenen in Betracht kommenden Staaten und innerhalb ihrer bei den verschiedenen Parteien rechnen dürfen, mit ganz besonderer Schärfe nicht nur die Feststellung erfolgen müsse

1. daß der Gedanke einer Niederlegung der Zölle zwischen den beteiligten Staaten, also der einer Zollunion, eines Zollvereines als realpolitisch zur Zeit undurchführbar, vom Verein nicht in Erwägung gezogen werde,

sondern auch

2. der Verein sich von aller politischen Agitation oder Stimmungsmache fern halten wolle,
3. daß er nicht daran denke, das wirtschaftliche Selbstbestimmungsrecht der beteiligten Länder irgend zu gefährden,
4. daß er wie politisch, so auch handelspolitisch frei von jeder aggressiven Absicht sei, endlich
5. daß die handelspolitischen Aufgaben nicht seine einzigen und nicht einmal die in seinem Aktionsprogramm notwendig vorwiegenden seien, er also mit diesen nicht stehe und falle.

In diesem Rahmen wurde das Programm des Vereins vor über drei Jahren festgelegt. Und in dieser Fassung fand es den Beifall maßgebender Männer der verschiedensten, politischen und handelspolitischen, Richtungen in Deutschland, Österreich und Ungarn.

Gleichzeitig war damals freilich die Meinung Vieler die, daß der Zeitpunkt für die Ausführung des Planes noch nicht gekommen sei. Es wurde ausgesprochen, bevor weiteres unternommen werden könne, sei die Beschlußfassung über die Zolltarife in den verschiedenen Ländern, ganz besonders aber in Deutschland abzuwarten. Es lag in Wahrheit kein Grund vor, die Sache des Vereins zu übereilen. Die Verhandlungen wurden sonach auf die Dauer zweier Jahre ausgesetzt. Angesichts des hochgehenden Interesses für die handelspolitischen Fragen in dieser Zeit konnte eine solche Pause auch nur dazu beitragen, den Gegenstand zu klären.

In der Tat haben auch diese zwei Jahre eine Anzahl wertvoller und wertvollster Arbeiten über handelspolitische Fragen gebracht. Vielen von ihnen konnte eine Bestärkung der Richtigkeit unseres Vorhabens entnommen werden. Und was neue Erscheinungen am Himmel der praktischen Handelspolitik betrifft, so konnte auch der neu aufgetauchte Chamberlainsche Plan kaum als ein Argument gegen den Wirtschaftsverein gelten.

Nach einer Pause von zwei Jahren wurde die Werbearbeit also wieder aufgenommen: mit günstigem Erfolge.

Männer in wachsender Zahl, aber wieder der abweichendsten politischen und wirtschaftlichen Bekenntnisse aus den zunächst in Betracht kommenden Ländern hatten erklärt, die Sache des „Vereins zur Förderung der gemeinsamen wirtschaftlichen Interessen" zu der ihrigen machen zu wollen. Waren die Tore des Vereins von vornherein so weit geöffnet als ohne Gefährdung des Grundgedankens irgend möglich war, so hatte dieses Verfahren fast überall Verständnis und gerechte Würdigung gefunden.

Schließlich kam es am 21. Januar 1904 zur Gründung des „Mitteleuropäischen Wirtschaftsvereins" in Deutschland.

Im folgenden werden nun „Materialien" zur Information über Zwecke und Ziele des Vereins veröffentlicht. Diese „Materialien" erschöpfen allerdings den Gegenstand nicht, ihre programmatischen Erörterungen und Vorschläge sind auch nicht als Verlautbarungen der Vereinsleitung zu betrachten, vielmehr als solche des Herausgebers und der anderen hier zu Worte kommenden Herren. Immerhin sind sie geeignet, über den Verein und das, was mit ihm beabsichtigt ist, zu orientieren. Zum Teile bereits im Vorjahre herausgegeben, damals aber nur zur Verteilung an einen engeren Kreis bestimmt, haben sie jetzt eine Überarbeitung unter einheitlichen Gesichtspunkten erfahren.

Breslau, Dezember 1904.

**Julius Wolf.**

# Aufruf.

Der Mitteleuropäische Wirtschaftsverein bezweckt unter unbedingter Ablehnung aller wie immer gearteten politischen Ziele die öffentliche Aufmerksamkeit und die der Regierungen auf solche wirtschaftliche Gegenstände zu lenken, hinsichtlich deren die mitteleuropäischen Staaten nicht einander widerstreitende, sondern übereinstimmende Interessen haben. Eine Antastung des wirtschaftlichen Selbstbestimmungsrechtes der einzelnen Staaten bleibt dabei ebenso außer Betracht wie das politische Gebiet. Auch will der Verein, wo Interessengegensätze bestehen, die Geltendmachung und Vertretung dieser in keiner Weise stören. Jede Propaganda für die Idee einer mitteleuropäischen oder europäischen Zollunion liegt darnach außerhalb seines Programms. Aber seine Begründer sind von der Überzeugung durchdrungen, daß die mitteleuropäischen Staaten ihr Gedeihen in höherem Maße sicher stellen können, als dies jetzt geschieht, wenn sie

1. in weiterem Umfang als bisher gewisse Gegenstände des Wirtschaftswesens und des Wirtschaftsrechtes gleichmäßig regeln, wenn
2. die Staaten Einrichtungen, welche sie besitzen, wechselseitig auch den anderen dienstbar machen, was auf den verschiedensten Gebieten möglich ist (vgl. z. B. Grenzwachdienst, Kontrolle der Ein- und Ausfuhr, Clearings von einem Staate in den anderen), wenn sie
3. sich Vorzugsbedingungen gewähren oder mindestens besondere Rücksicht nehmen auf die speziellen Verhältnisse ihrer Volkswirtschaften bei Vereinbarungen über Zölle, Eisenbahntarife u. s. w., wenn sie

4. die auf diesem Gebiet vorhandenen Möglichkeiten zum Gegenstande dauernder Bearbeitung machen, statt sich auf Verhandlungen, die nur alle Jahrzehnte einmal wiederkehren und hastig durchgeführt werden müssen, zu beschränken, wenn sie
5. mit der Vertretung ihrer Interessen im ferneren Ausland (wo eine Konkurrenz nicht in Frage kommt) gemeinsame Organe betrauen, wenn sie
6. bei Verhandlungen mit dem ferneren Auslande wo dies ersprießlich, im Einvernehmen vorgehen, wenn sie
7. für die Schlichtung internationaler Streitigkeiten auf dem Gebiete der Wirtschaft und insbesondere des Zollwesens ständige Schiedsgerichte einsetzen.

Es ist zweifellos, daß bei systematischer Arbeit auf allen diesen Gebieten jeder der Staaten gewinnender sein muß, zweifellos, daß Gelegenheiten und Aufforderungen zu solcher Arbeit in sehr großer Zahl vorhanden sind, und weiter auch klar, daß jene Arbeit getan werden kann, ohne das wirtschaftspolitische, geschweige denn politische Selbstbestimmungsrecht der Staaten im geringsten zu gefährden.

Auch sonst liegen dem Verein aggressive oder agitatorische Tendenzen durchaus fern. Er will in seiner ganzen Gebahrung, wie in seinen letzten Zielen ein den Frieden stärkendes Element sein.

# I.

## Zollvereinigungen oder Zollbündnisse?[1]

Geehrter Herr Redakteur! Etwas spät bin ich zur Lektüre des bemerkenswerten Artikels gelangt, welchen der italienische Volkswirt Professor Luzzatti über „Handelsverträge und Trusts“ bei Ihnen veröffentlicht hat und der in dem Vorschlag gipfelt, eine europäische Zollkonferenz, aber „nicht bureaukratischen Charakters“, sondern als eine Konferenz „groß- und weitdenkender Männer“ einzuberufen, um 1. nach Mitteln und Wegen zu suchen, die geeignet sind, die Schwierigkeiten zu beseitigen, welche hauptsächlich aus den Parlamenten heraus der Durchsetzung der handelspolitischen Absichten der Regierungen entgegenstehen, und um 2. gegen die Vereinigten Staaten von Amerika eine Liga der Abwehr zu schaffen. Die Äußerungen Luzzattis haben, so viel ich sehe, ein Echo in seinem Vaterlande durch den Mund des Deputierten Demartinis gefunden, welcher vorschlug, ein internationales Agitations-Komité für einen europäischen Zollbund zu bilden. Ziemlich gleichzeitig hat Carnegie an den Deutschen Kaiser die vom Standpunkte des Amerikaners und auch unter anderen Gesichtspunkten höchst sonderbare Aufforderung gerichtet, „Vereinigte Staaten von Europa“ gegen die Vereinigten Staaten von Amerika ins Leben zu rufen.

Wenn ich mich in dieser Sache zum Worte melde, so geschieht es, weil ich schon seit längerer Zeit im Interesse einigermaßen verwandter Ideen tätig bin, und weil ich aus dem teils mündlichen,

---

[1]) Erschienen in der „Neuen Freien Presse“ vom 4. November 1902, abgedruckt in der „Deutschen Industriezeitung“.

teils schriftlichen Verkehr mit Personen von Gewicht mir ein Urteil über die auf diesem Gebiete vorhandenen Möglichkeiten gebildet zu haben glaube. Es geschieht sodann, weil ich im Interesse der großen Sache die dankenswerte Anregung der italienischen Herren nicht verpuffen lassen, vielmehr gewissen Zielen dienstbar gemacht sehen möchte, die auch mir erreichbar scheinen, und auf welche die Stimmung und die Äußerungen hervorragender europäischer Volkswirte und Politiker seit längerer Zeit hinweisen.

Zu dem Zwecke scheint mir aber eine Aussprache nötig darüber, was in Wirklichkeit erstrebenswert und was erreichbar ist.

In einer kürzlich erschienenen Schrift „Das Deutsche Reich und der Weltmarkt",[2]) die auch ins Französische übersetzt[3]) und aus dem Französischen durch Colajanni für Italien bearbeitet wurde, bin ich bei Prüfung der vorhandenen Möglichkeiten zu dem Schlusse gekommen, daß ein europäischer Zollbund zu diesen Möglichkeiten jedenfalls nicht gehört. Ich meinte damals: Es kann sich, wenn der Plan der wirtschaftlichen Annäherung einer Anzahl Staaten verfolgt werden soll, offenbar nur darum handeln, die Staaten Mitteleuropas und jene des Südens, beziehungsweise Südostens einander zu nähern, sie auf das ihnen Gemeinsame hinzuweisen und zum Zwecke besserer und gesicherterer Erreichung gemeinsamer Ziele zu einem Zusammengehen in wirtschaftlichen Dingen zu veranlassen.

Nicht sei dabei zu denken, und das sei mit allem Nachdruck auszusprechen, an eine Zoll-Union. Der Plan einer solchen sei unter den Verhältnissen von heute als bare Utopie zu bezeichnen. Dagegen sei es allerdings wohl richtig, daß, wenn gewisse Staaten sich wirtschaftlich einander nähern wollen, unter vorbehaltloser und uneingeschränkter Wahrung des wirtschaftlichen Selbstbestimmungsrechtes jedes einzelnen, in diesem Zusammenschluß, in dieser Verständigung über gemeinsame wirtschaftliche Interessen jeder von ihnen eine Stärkung seiner Position erfahren müsse. Es ist, so schloß ich, in hohem Grade wahrscheinlich, daß ein wirt-

[2]) Verlag Gustav Fischer in Jena.

[3]) Übersetzt und mit einem Vorwort versehen von Joseph Franconie Verlag Giard et Brière, Paris.

schaftliches Einvernehmen, eine handelspolitische „Allianz“ diese Staaten befähigen wird, für jeden einzelnen von ihnen dem ferneren Ausland andere Bedingungen abzugewinnen, als dies in der Vereinzelung möglich. Hat sich eine größere Zahl von Staaten zusammengetan, aber nicht als Zoll-Union, sondern im Zeichen der „wirtschaftlichen Allianz“, dann können sie unter Umständen dritten Kontrahenten gegenüber eine in praxi unüberwindliche Macht darstellen.

Ich glaube somit, daß in der hier angedeuteten Richtung, in der Richtung wirtschaftspolitischer „Allianzen“ und sonstiger gegenseitiger „Handreichung“, worüber ein Näheres bei anderer Gelegenheit zu sagen sein wird, das anzustrebende Ziel liegt, nicht aber in „Zollvereinigungen“; und zwar darum nicht in solchen, weil keiner der europäischen Staaten bereit sein wird, sein wirtschaftspolitisches Selbstbestimmungsrecht so weit aufzugeben, als eine Zoll-Union es bedingt. Nie und nimmer werden heute und auf lange Zeit hinaus Souveräne oder politische Parteien für eine Minderung ihrer Einflußsphäre und der Einflußsphäre des Staates selbst, wie sie aus einer solchen Zolleinheit sich ergeben würde, zu haben sein, abgesehen davon, daß es immer und überall wirtschaftliche Interessen geben wird, die durch den Eintritt in einen Zollverein in hohem Grade gefährdet würden.

In Zollvereinigungen haben sich Staaten zusammengefunden, die politisch eine Einheit erstrebten, wie jene, aus deren „Zollverein“ das Deutsche Reich hervorging. Heute fehlen Einheitsbestrebungen dieser Art. Soweit etwa vorhanden, wagen sie sich als illegitim nicht an das Tageslicht. Dagegen haben wir politische „Allianzen“. Die solchen adäquate Bildung auf dem Wirtschaftsgebiet ist aber nicht der Zollverein, sondern die wirtschaftliche Allianz.

Das europäische Staatensystem ist, wie man weiß, durch die das europäische Gleichgewicht verbürgenden politischen Bündnisse, den Dreibund auf der einen, den Zweibund auf der anderen Seite, charakterisiert. Ihnen werden sich die wirtschaftlichen Bündnisse anzuschließen haben. Auch Frankreich und Deutschland sind übrigens wirtschaftlich „verbündet“ durch den Frankfurter Friedensvertrag,

„siamesische Zwillinge“, welche die für die Ewigkeit geschaffene Meistbegünstigungs-Klausel freilich öfter schon mit Unbehagen empfunden haben. Unter dem Gesichtspunkte eines Ausbaues wirtschaftlicher Allianzen über Europa hin mag aber auch diese Klausel von Nutzen sein. Sie kann dem wirtschaftlichen Dreibund helfen, Frankreichs Interessen mit den seinen zu verknüpfen und durch Frankreich vielleicht selbst Rußland zu gewinnen. Mag sein, daß dann auch noch der Traum eines Carnegie, der Traum der „Vereinigten Staaten von Europa“, in Erfüllung geht!

Man sieht, auch „wirtschaftliche Allianzen“ gestatten einen Ausblick ziemlich weit in die Ferne. Die „Allianz“ ist selbstverständlich Sache einer Vereinbarung, die nach Ablauf gewisser Frist ohne Schwierigkeit wieder fallen gelassen werden kann, die aber, wenn bewährt, nicht fallen gelassen werden wird. Jedenfalls sind diese Bündnisse heute das einzig Mögliche und darum das einzig Erstrebenswerte.

Der Gedanke wirtschaftlicher Allianzen, wie er hier entwickelt ist, hat bis heute nicht festen Fuß gefaßt.[4]) Ihn zu propagieren, wäre die schöne und dankbare Aufgabe eines Vereins, wie auch Demartinis ihn zu wollen scheint. Ich kann auch heute schon sagen, daß es einem solchen Verein an Freunden nicht fehlen würde, selbst an solchen Orten, wo man nicht bloß zu schreiben und zu sprechen versteht, sondern auch in der Lage ist, zu handeln.

Julius Wolf.

[4]) Die Stuttgarter Handelskammer hat sich seitdem den Gedanken handelspolitischer Allianzen zu eigen gemacht. Unterm 12. Mai 1903 nahm sie eine Resolution dahin gehend an, daß für die bevorstehenden Handelsvertragsverhandlungen „eine vorherige Vereinbarung über ein gemeinsames Vorgehen der Dreibundstaaten und die Feststellung ihrer der übrigen Welt gegenüber parallel gehenden Handels- und Produktionsinteressen getroffen werden solle“.

## II.

# Ein mitteleuropäischer Wirtschaftsverein.

Seit fünfundzwanzig Jahren geht die Idee einer mitteleuropäischen Zollunion um. Zur Verwirklichung ist sie bis heute nicht gediehen. Als wünschens- und empfehlenswert wurde sie dutzende Male bezeichnet — von Männern der Wissenschaft, Kaufleuten und Industriellen, Politikern und Ministern, ebenso oft wurde sie zum Gegenstande von Anträgen und Resolutionen gemacht, zu irgend welcher „Tat" hat sie sich aber niemals verdichtet.

Bismarck hat zu verschiedenen Malen etwas verschieden über sie geurteilt. Dem Franzosen de Molinari gegenüber hat er sie höflich aber strikte abgelehnt, dem Siebenbürger v. Baußnern hat er sie 1879 als „zur Zeit" und „für jetzt" unmöglich bezeichnet.

Der praktische Mißerfolg ist unbestreitbar. Auch kein Freund der Idee kann ihn, wenn er sich nicht in Selbsttäuschungen bewegen will, übersehen. Schließlich sagt es gerade genug, daß weder in einer von freihändlerischen Ideen beherrschten Epoche noch in solchen Zeiten, die im Zeichen des Schutzzolls standen, sich die Staatsmänner gefunden haben, die sich über die Grenzen hin die Hände zur Verständigung über eine internationale Zollunion gereicht hätten.

Warum ist es dazu niemals gekommen?

Die Schwierigkeiten, die der Ausführung des Unionsgedankens im Wege standen, konnten ja als unüberwindlich nicht gelten. Man erinnere sich des Deutschen Zollvereins. In den Staaten, die sich später zum Deutschen Zollverein zusammenschlossen, waren die Bedenken, welche heute dem wirtschaftlichen Zusammenschluß einer Anzahl mitteleuropäischer Staaten entgegenstehen, ganz ebenso vorhanden. Bayern und die Rheinprovinz z. B. (wie überhaupt der Osten und der Westen Deutschlands) zeigten eine sehr verschiedene Stufe der Entwicklung, hier „Industriestaat“, dort „Agrarstaat“, mit der entsprechenden Verschiedenheit der Lebenshaltung und der Konsumfähigkeit der Bevölkerung. Dazu kam eine weitgehende Verschiedenheit der Verzehrungssteuersysteme, der Währungssysteme usw. Alle diese Differenzen haben die Bildung des Zollvereins nicht zu verhindern vermocht. Warum sollten die gleichen Verschiedenheiten die Durchführung einer Zollunion zwischen den Staaten im Herzen Europas unmöglich machen?!

Unüberwindlich sind die Schwierigkeiten, um die es sich hier handelt, also sicher nicht. Und ebenso ist zweifellos, daß der Zusammenschluß für jedes der Länder wirtschaftlich höchst wertvoll wäre.

Das große Wirtschaftsgebiet ist dem kleinen unter sonst gleichen Umständen immer überlegen. Auch die mannigfache industrielle Überlegenheit Nordamerikas über Europa führt sich unter anderem darauf zurück, daß ersteres ein sehr großes und überaus vielseitiges Produktionsgebiet, wie auch ein in seiner Größe und Einheitlichkeit sonst in der Kulturwelt unerreichtes Absatzfeld ist, das Möglichkeiten des Großbetriebs, der Arbeitsteilung, der Maschinenverwendung, Möglichkeiten damit der Kostenersparnis gewährt, wie sie ein kleines niemals bietet. Mit darum richtet Professor v. Waltershausen in einer kürzlich („Zeitschrift für Sozialwissenschaft“, 1902) veröffentlichten Studie einen warmherzigen und eindringlichen Appell an die Staaten Mitteleuropas, der in die Worte ausklingt: „Sollte der Kontinent, welchem der Westen das Beste verdankt, was er besitzt, wirklich so altersschwach sein, daß er zu einer gemeinsamen Aktion sich nicht aufraffen könnte, oder sind seine Völker so verblendet, zu glauben, daß sie in ihrer Isolierung es mit dem jungen Riesen aufnehmen werden, der heutzutage schon seine Glieder reckt, um mit seinen gewaltigen Armen über zwei Ozeane hinüberzugreifen?“

Die Überlegenheit des großen Wirtschaftsgebiets über das kleine ist von hervorragenden Volkswirten aller Länder ausgesprochen.

Die Nutzanwendung daraus in Gestalt einer europäischen oder mitteleuropäischen Zollunion ist trotzdem unrealisierbar.

Eine mitteleuropäische Zollunion müßte immer ausgehen von einer wirtschaftlichen Föderation Deutschlands und Österreich-Ungarns. Da wäre aber anzunehmen, daß niemand ein wärmerer und energischerer Anwalt des Zusammenschlusses sei, als die deutsche Industrie, da sie gemeinhin stärker ist als die österreichische und ungarische. Die Tatsachen strafen auch hier die Erwartungen Lügen. Von einer Zoll-„Union" wollen die deutschen Industriellen nichts wissen. Der Zentralverband deutscher Industrieeller, dessen 35000 unmittelbare und mittelbare Mitglieder nahe an sieben Zehntel aller industriellen Arbeiter Deutschlands beschäftigen, erklärte vor nicht langer Zeit in aller Form, auf eine Anregung aus Süddeutschland, die auf eine Zollunion hinging und durch das Mittel einer solchen der amerikanischen Gefahr begegnen wollte, daß er für solche Utopien nicht zu haben sei.

Irgend welchen Enthusiasmus vermag die Unionsidee in Deutschland nicht auszulösen. Solcher Enthusiasmus ist aber der Wille, der die Möglichkeiten „zwingt". Dazu kommt auf österreichischer Seite die Abneigung der nichtdeutschen Nationalitäten gegen eine Verschmelzung der Zollgebiete, trotzdem gerade die slavischen und halbslavischen Länder Österreichs (Böhmen, Mähren, Galizien) weit mehr als die deutschen bei einer solchen Zusammenfassung gewinnen müßten.

Auf den Abschluß einer mitteleuropäischen Zollunion ist also auch weiter kaum zu rechnen. Ist der Verzicht demnach das letzte Wort? Das nun ist eben meine Meinung nicht. Daß die Unionsidee einen gesunden, wertvollen, nutzbaren Kern enthält, kann auch der Realpolitiker nicht leugnen. Welche Moral und welche Aufforderung ergibt sich aber aus dieser Einsicht? Doch offenbar die bisher nicht gezogene: **Den gesunden und bedeutungsvollen Kern in einer Weise auszulösen, daß nicht gleichzeitig die Widerstände rege werden, welche einer Union im Wege stehen.** Die andere Form gilt es für jenen Kern zu finden!

An der Spitze dieses Artikels steht das Wort „Ein mitteleuropäischer Wirtschaftsverein". Es bezeichnet einen Plan, der, seit einigen Jahren erwogen, den Beifall von Männern der hier in Betracht kommenden Staatsgebiete gefunden hat. Der Mitteleuropäische Wirtschaftsverein oder, wie er zunächst hieß, der „Verein zur Förderung der gemeinsamen wirtschaftlichen Interessen der mitteleuropäischen Staaten", will, was eben als erforderlich bezeichnet wurde, ins Werk setzen, d. h. was an dem Gedanken einer wirtschaftlichen Union gesund und wertvoll ist, durch das Mittel einer Zollunion aber nicht verwirklicht werden kann, **in anderer Gestalt** zu retten suchen. Das wird als das Verdienst der Organisation anzusprechen sein, um die es sich handelt.

Aus dem unrealisierbaren Plan einer Zollunion nimmt der Verein all jenes Einzelne heraus, was in anderer Gestalt als der der Union eine Fruchtbarmachung zuläßt. Vorgearbeitet ist dem Verein schon auf verschiedenen Gebieten. So viel getan ist, so viel und mehr bleibt noch zu tun übrig. Einer gleichmäßigen Regelung des Wirtschaftsrechtes entbehren die Staaten gemeinhin, davon, daß sie Einrichtungen, welche sie besitzen, wechselseitig einander dienstbar machten — man denke beispielsweise an den Grenzwachdienst, in dem der eine Staat den anderen doch wohl ergänzen kann, an die Kontrolle und Statistik von Ein- und Ausfuhr, wo die gleiche Möglichkeit vorhanden, alles Angelegenheiten, in denen bei gegenseitiger Handreichung Ersparnisse von Millionen zu machen sind — ist kaum die Rede. Überaus bedeutsame Aufgaben winken auf der anderen Seite in der notwendigen Reform des Systems der „Meistbegünstigung". Und um auch auch das politische Gebiet mit einem Worte zu streifen, so sei die Aufmerksamkeit auf das vor kurzem aus dem Munde des Grafen Apponyi gefallene Wort gelenkt, wonach die Achillesferse des Dreibundes seine „Wirtschaftspolitik" ist. Das wird besonders in Deutschland mit Berufung auf verschiedene in ihrer prinzipiellen Tragweite sicher überschätzte Äußerungen des Fürsten Bismarck viel zu sehr verkannt. Soll das Gebäude des Dreibundes die Gewähr dauernden Bestandes in sich tragen, soll diese stärkste aller europäischen Friedensbürgschaften weiter in ihrer vollen Kraft zu Recht bestehen, so müssen neben die politischen Pfeiler, auf die sie sich bisher allein aufbaut, und die mit der Zeit doch recht wohl brüchig werden könnten, wirtschaftliche treten. Solche wirtschaftliche Pfeiler sind gegenwärtig leichter aufzurichten als je zuvor. Denn gerade jetzt sind die Interessen der mitteleuropäischen Staaten anderen, besonders außereuropäischen Staaten gegenüber, identische. Eine vorgängige Verständigung zwischen den gleichmäßig interessierten Staaten kann aber und muß die Position jedes einzelnen von ihnen auf das wirksamste verstärken. Gehen selbst nur Deutschland und Österreich-Ungarn bei gewissen Forderungen an das Ausland einig, so ist das Gewicht, das der Bevölkerung dieses Gebietes von 57 plus 47 gleich 104 Millionen Menschen innewohnt, schon ein ganz anderes als das jedes der zwei Staaten für sich.

# III.

# Utopie und Möglichkeit.

Es gibt Gedanken, Schlagworte und Vorurteile, die tätig sind ganz wie der Held jener schottischen Ballade, von dem Sir H. Maine erzählt. Die Beine hatte er längst in der Schlacht verloren, umso hitziger kämpfte er auf den Stumpen weiter. Man kann Freund eines wirtschaftspolitischen Einvernehmens zwischen Österreich-Ungarn und Deutschland und eventuell noch einer Anzahl anderer mitteleuropäischer Staaten sein und ebenso energischer Gegner der Idee einer Zollunion: stets wird man Gefahr laufen, die zwei Dinge zusammengeworfen und mit dem Hinweis auf die Unmöglichkeiten der Zollunion die Idee des wirtschaftspolitischen Einvernehmens bekämpft zu sehen.

Eine Zollunion ist heute ein Unding aus äußeren und inneren, aus politischen und wirtschaftlichen Gründen. Politisch wird eine Zollunion auf deutscher wie auf österreichischer Seite stets Mißtrauen in einem Grade auslösen, daß schon hieran jeder Versuch einer Durchführung scheitern muß. In Österreich sind die Bedenken nur zu bekannt, die an den führenden Stellen jedem Versuche, den Gedanken einer „Union" zu verwirklichen, im Wege stehen. Wo es sich um die Zollunion handelt, sind diese Stellen nicht mit Unrecht Freunde der ihnen sonst wohl fremden sogenannten materialistischen Geschichtsauffassung, die den Sozialisten Karl Marx zum Begründer hat und die lehrt, daß der wirtschaftliche Unterbau der Staaten den politischen Überbau in seiner Struktur bestimme. Eine Zollunion wird diesen Kreisen stets als der erste Schritt zur Anbahnung einer politischen Einheit erscheinen und darum verworfen werden. Dieser Ablehnung auf österreichischer Seite begegnet eine verwandte Stimmung jenseits der schwarz-gelben Pfähle. Bismarck hat wiederholt erklärt, daß eine Hereinziehung der österreichischen Stämme in das Deutsche Reich nicht eine Stärkung, sondern eine Schwächung desselben bedeuten würde. In seinem politischen Testament, den „Gedanken und Erinnerungen" hat er allerdings für eine ferne Zukunft die Möglichkeit vage eingeräumt, daß alsdann die Frage etwas anders zu beurteilen sein könnte. Für die Gegenwart aber und für absehbare Zeit hat er sie nie auch nur als diskutierbar zugegeben.

Und wie aus politischen Gründen, so wird auch aus wirtschaftlichen derjenige, der da vermeint, in der Idee einer Zollunion einen lebensfähigen Gedanken vor sich zu haben, alsbald die bitterste Enttäuschung erfahren. Die wirtschaftlichen Erwägungen sprechen vielleicht noch heftiger gegen die Idee als die politischen. Die industrielle Entwicklung während des letzten Jahrhundertdrittels hat der österreichischen und der deutschen Industrie den Stempel aufgeprägt; was vorher geleistet war, ist nicht vergleichbar mit dem, was in dieser Zeit geleistet worden ist. Nun wohl, diese Entwicklung hat sich vollzogen innerhalb und nach Maßgabe der Zollschranken, welche das Deutsche Reich und Österreich-Ungarn jedes für sich aufgerichtet haben. Auch darum ist es ein Ding der Unmöglichkeit, diese Schranken heute niederzubrechen. Der Staatsmann, der solches versuchen wollte, würde geradezu einen wirtschaftlichen Staatsstreich begehen.

Indem ich das sage, bin ich nicht geneigt, die Wirkung von Zöllen zu überschätzen. Nur zu gut weiß ich, wie neben und über ihnen die natürlichen Produktionsbedingungen den Charakter der Industrien bestimmen und wie geschäftliche und technische Tüchtigkeit ihre Wirkung oft paralysiert. Aber die Einschätzung aller dieser Momente zu ihrem vollen Werte darf nicht zur Unterschätzung der Bedeutung, die Zöllen zukommt, verführen. Und deswegen ist mit allem Nachdrucke die Meinung zu vertreten, daß ein Verzicht auf Zölle die österreichische Industrie deroutieren müßte und daß schon darum auch aus wirtschaftlichen Gründen die Propaganda für die Idee einer Zollunion im heutigen Zeitpunkte aussichtslos ist.

Die Zollunion ist dem Realpolitiker Unmöglichkeit und Utopie. Daraus folgt aber entfernt nicht, daß die beteiligten Staaten, zunächst Österreich-Ungarn und Deutschland, indem sie wirtschaftspolitisch ein Einvernehmen suchen, dabei nicht gewinnen können und müssen. Deutschland und Österreich-Ungarn haben gemeinsame Gegner und jedenfalls die gleichen „Gegenkontrahenten“. Und öfter ist schon gesagt worden, daß dem Gegner gegenüber die Position eines wirtschaftspolitischen Verbandes, der über die 57 Millionen des Deutschen Reiches neben den 47 Millionen der österreichisch-ungarischen Monarchie, zusammen also über 104 Millionen verfügt, doch eine andere sein muß, als die jedes dieser Partner für sich allein. Wie das politische Bündnis dieser Staaten nicht Offensiv-, sondern Defensivcharakter trägt, ist auch das handelspolitische Einvernehmen nur als Kooperation für Zwecke der Abwehr, der Verteidigung, bezw. der Unterhandlung zu denken. Braucht es darüber dem Erfahrenen gegenüber noch ein Wort?

Daß Österreich-Ungarn und Deutschland zudem einander gegenüber die Zölle herabzusetzen vermöchten, ohne — trotz Meistbegünstigungsklausel — dritte Staaten voll an diesen Vorteilen teilnehmen zu lassen, ist für den Sachverständigen gleichfalls klar. Österreich-Ungarn und Deutschland haben sich mancherlei zu bieten, was selbst, wenn die im Verkehr dieser zwei Staaten ermäßigten Zöllen auch Dritten zugute kommen, für diese Dritten lange nicht den Wert hat, wie für die zwei Verbündeten.

Auch sollten die Zölle, die nach wie vor zwischen Österreich-Ungarn und Deutschland bestehen bleiben müssen, nicht jenes Maß von gegenseitiger Entfremdung, mindestens nicht jenen Verzicht auf gegenseitige Fühlungnahme notwendig machen, der heute im Verhältnis österreichischer und deutscher Industrieller (übrigens auch im Verhältnis österreichischer und ungarischer Industrieller) infolge des Fehlens eines neutralen Bodens, auf dem sie sich begegnen und verhandeln können, besteht. Heute sind die gleichartigen Interessenten der drei Staaten einander fremd. Eine weitgehende Interessengemeinschaft ist vorhanden, sie ist bisher fast nie für gemeinsame Verhandlungen oder auch nur für beiläufige Fühlungsnahme ausgenützt. Auch hier ist noch Alles zu leisten.

Und bedarf es einer Ausführung darüber, wie sehr der doppelte Grenzkordon, mit dem die Länder sich umgeben, in dieser seiner doppelten Gestalt ein Unding ist, da der Grenzwachdienst des einen Landes immer auch für das andere mit arbeiten kann? Einer Ausführung darüber, wie sehr die Einfuhrkontrolle immer auch mit für das andere Land sich leisten läßt und hierbei nicht nur Kostenbeträge zu Hunderttausenden, ja Millionen den Staaten gespart würden, sondern auch vieles von den Vexationen dahinfallen müßte, die Ex- und Importeur zur Stunde bedrängen?

Es lassen sich der Aufgaben also viele finden, in denen für die beteiligten Staaten ein wirtschaftliches Einvernehmen intensiverer Art als sie es bisher pflegen, von größtem Nutzen wäre. Die Schaffung eines solchen Einvernehmens liegt als eine der Notwendigkeiten unserer Zeit in der Luft.

## IV.

# Die nicht handelspolitischen Aufgaben des Mitteleuropäischen Wirtschaftsvereins.

Der Name „Mitteleuropäischer Wirtschaftsverein" löst die Vorstellung aus, als ob die Arbeit des Vereins mehr minder ausschließlich auf dem handelspolitischen Gebiete liege und infolgedessen für die Träger der Vereinsidee das Bekenntnis zu einem handelspolitischen Progamm vorausgesetzt sei. Diese Annahme ist falsch. Wir haben bereits dargetan, daß „Clearings", also Zahlungsleistung durch bloße Umschreibung und Abrechnung von einem Staat zum anderen, Vereinfachung des Grenzwachdienstes, Verminderung der Zollplackereien, Kontrollen der Staaten für einander, Rücksichtnahme derselben aufeinander auch bei Maßnahmen der Tarifpolitik, Zollschiedsgerichte, einheitliche Regelungen auf den Gebieten des Wirtschaftsrechtes u. s. w. Aufgaben seien, die für den Mitteleuropäischen Wirtschaftsverein selbst bei vollständigem Absehen von jeder handelspolitischen Aktion ein ausreichendes Feld der Betätigung abgeben würden.

Sehr zu Unrecht werden diese Aufgaben bei der Betrachtung und Würdigung des Vereins zurückgestellt, es ist darum notwendig, auf sie mit dem ganzen Nachdruck hinzuweisen, der ihnen vermöge der Bedeutung jeder von ihnen für das Wirtschaftsleben der Völker zukömmt.

Eine stete Fühlungnahme zwischen den Interessenten in den beteiligten Ländern soll in die Wege geleitet werden. Diese Fühlung ist bisher, wenige Gebiete ausgenommen, nicht vorhanden, da die Interessentenvereine durchgängig Landesvereine sind.

Hier ist also fast Alles noch zu schaffen. Was persönliche Fühlung leisten kann, ist in letzter Zeit des Wiederholten ausgesprochen worden. Der amerikanische Botschafter Tower war es, der, als er mit dem Deutschen Kaiser während der „Kieler Woche“ vielbemerkte Ansprachen wechselte, hervorhob: „Gegenseitiges Verständnis zwischen Völkern, wie zwischen Individuen wird am besten erreicht durch persönlichen Verkehr, welcher zu besserer Bekanntschaft führt.“ Diese Äußerung berührt sich mit einer, die vor kurzem in Wien fiel, als die führenden industriellen Verbände Österreichs die Notwendigkeit empfanden, sich in einem gemeinsamen Ausschuß zusammenzutun. Damals war es einer der erfolgreichsten österreichischen Volkswirte, mein hochverehrter Freund Dr. Alex. v. Peez, welcher erklärte: „Durch das Zusammenwirken werden sich zweifellos die persönlichen und die gesellschaftlichen Beziehungen wesentlich verbessern.“ Man fange zuerst mit etwas Sträuben an, man komme sich durch gemeinsame Beratungen näher und verständige sich schließlich leichter und besser.

Die Möglichkeiten, die ein mitteleuropäischer Wirtschaftsverein in dieser Richtung über die Grenzen des eigenen Landes hinaus gewährt, können in ihrem Werte nicht wohl überschätzt werden. Die persönliche Aussprache der Interessenten verschiedener Länder kann nicht nur Aktionen herbeiführen oder vereiteln helfen, welche für die beteiligten Wirtschaftsgruppen überaus fühlbaren Gewinn oder Verlust darstellen, sondern sie kann für die ganze technische und kommerzielle Führung der Betriebe von entscheidender Bedeutung werden.

Wäre beabsichtigt, hier eine vollständige Aufzählung der nicht handelspolitischen Aufgaben des Mitteleuropäischen Wirtschaftsvereins zu geben, so würde der Raum nicht reichen. Neben der eben erwähnten seien darum nur jene hervorgehoben, die auf dem Gebiete der Formalitäten bei der Einfuhr von einem Lande in das andere liegen, und jene anderen, die durch die bisher mangelnde Rechtseinheit für die verschiedenen Länder, insbesondere auf dem Gebiete des Betreibungsrechtes und des Rechtsvollzugs, gegeben sind.

Auch in Deutschland wird von „unserer am Formalismus hängenden Zollbureaukratie“ gesprochen und auf andere Länder hingewiesen, „wo die Zollverwaltung weniger ängstlich und weniger bureaukratisch“ sei. Man tut den Dingen aber nicht Gewalt an, wenn man die deutsche „Zollbureaukratie“ immer noch weniger anspruchsvoll als die österreichische nennt und darum, was in Deutschland beklagt wird und woraus Reformforderungen abgeleitet werden, als in Österreich und Ungarn doppelt reformbedürftig bezeichnet. Daß auf dem hier in Frage stehenden Gebiete wesentliche Vereinfachungen möglich sind, ist des öfteren von kompetentester Seite dargelegt worden und wird selbst von den Spitzen der betreffenden Verwaltungen nicht geleugnet. Was fehlt, ist bloß eine kräftige Initiative und eine Verständigung von Staat zu Staat.

Auf dem Rechtsgebiete machen sich Bestrebungen, die auf eine Vereinheitlichung vieler Rechtsmaterien zwischen den verschiedenen Ländern gerichtet sind, seit Jahren mit steigender Kraft geltend, und es ist charakteristisch, daß sie vor allem in den Kreisen von Handel und Gewerbe ihre Stütze finden, während die juristischen Kreise sich ihnen gegenüber wenigstens zunächst mehr zögernd und abwartend verhalten. Wohl ist hier schon einiges geleistet worden. Aber mehr und wesentlicheres ist noch zu tun.

Um nur Weniges anzuführen! Als Zahlungsmittel ausgesprochen internationalen Charakters sollte der *Wechsel* in den Kulturländern längst unter den gleichen Rechtsvorschriften stehen. Die Vorarbeiten für eine derartige Ordnung sind zum guten Teil vorhanden und mit Rücksicht auf die große Ähnlichkeit, welche zwischen dem Inhalt der Wechselordnungen besteht, können die Schwierigkeiten, die einer gemeinsamen Gesetzgebung entgegenstehen, nach sachverständigem Urteil (vergl. hierüber die Ausführungen von Ludw. Fuld in der Zeitschrift für Sozialwissenschaft, 1903) nicht als besonders groß erachtet werden. Das gleiche gilt von manchen Teilen des Handelsrechts, so dem *Rechte des Speditions-, Kommissions- und Frachtgeschäftes.*

Wie überaus bedeutsam wäre weiter eine einheitliche Regelung des *Konkursrechts* der verschiedenen Staaten! Das Vorgehen der Schweiz, welche nach vieljährigen Bemühungen die zahlreichen kantonalen Konkursgesetze durch ein einheitliches Schuldbetreibungsgesetz ersetzt hat, läßt erkennen, daß auch auf diesem Gebiet trotz mancher entgegenstehenden und nicht zu unterschätzenden Hindernisse Arbeiten zu einer übereinstimmenden Regelung mit Aussicht auf Erfolg beginnen könnten.

Und um noch einen Punkt hier auszuführen, der einen Wunsch der gesamten kaufmännischen Welt wiedergibt, so wäre unleugbar von fundamentaler Bedeutung für dieselbe die Gewährung gegenseitiger Rechtshilfe in ganz anderem Umfang als bisher. Fuld meint darüber: „Man wird nicht in Abrede stellen können, daß die bestehende internationale Rechtsordnung dem modernen Bedürfnis auch nicht annähernd entspricht. Bedenkt man, daß es bisher immer noch nicht gelungen ist, zwischen Deutschland und Österreich-Ungarn einen Vertrag über die Gewährung gegenseitiger Rechtshülfe abzuschließen, wodurch die Sicherheit dafür geschaffen würde, daß die Urteile eines deutschen Gerichtes ohne Anstand in beiden Hälften der Österreichisch-Ungarischen Monarchie und umgekehrt vollstreckt werden können, erwägt man die Tatsache, daß die Anerkennung der von deutschen Gerichten gefällten Entscheidungen in einer ganzen Reihe von Kulturstaaten ausgeschlossen ist, mit denen wir in lebhaftem Verkehr stehen, so wird man nicht verkennen, daß hier die Rechtsordnung hinter dem Verkehrsbedürfnis zurückgeblieben ist."

Geneigtheit für die Anbahnung solcher internationaler Beziehungen besteht überall auf beteiligter Seite. Die „latente" Bereitschaft ist aber bis heute nur eben nicht oder höchst mangelhaft ausgelöst. Sie freizulegen, wäre wieder eine, und zwar eine der bedeutungsvollsten Aufgaben des mitteleuropäischen Wirtschaftsvereins.

Es sei dann noch der Zollschiedsgerichte gedacht. Das Fehlen solcher ist seit jeher vielseitig beklagt worden; wenn trotzdem bisher wenig geschehen ist um diese Lücke auszufüllen, so offenbar darum, weil diejenigen, welche sie auszufüllen wünschen, Private und Vereine, nicht mit der nötigen Kraft und vor allem international nicht aufzutreten vermochten, die staatlichen Instanzen aber mit dem, was der Tag bringt und fordert, viel zu sehr überlastet sind, um weiter hinausliegende Aufgaben vorzubereiten ohne besonderen und nicht ermüdenden Antrieb von der beteiligten Seite aus.

Welches Gewicht Regelungen aber auch auf diesem Gebiete zukommt, zeigt vielleicht am besten eine politische Rede, die der frühere Präsident des ungarischen Abgeordnetenhauses, Graf Albert Apponyi, vor einiger Zeit vor seinen Wählern hielt. Graf Apponyi sprach hier davon, daß das politische Gebäude des Dreibundes einer besseren wirtschaftlichen Fundamentierung bedürfe. „Die Klagen des Volkes", so führte er aus, „richten sich nicht allein gegen die eingestandenen Tendenzen der Handelspolitik, sondern auch gegen die Interpretation und Durchführung der Verträge, insbesondere aber der Veterinärkonventionen. Dieser Giftstoff müßte entfernt werden, und zwar in erster Linie aus den volkswirtschaftlichen Berührungen der im Bundesverhältniss stehenden Mächte." Deshalb müsse in Handelsverträge und andere wirtschaftliche Verträge und Abmachungen die Schiedsgerichtsklausel aufgenommen werden. „Bei Auslegung solcher Vereinbarungen auftauchende Meinungsverschiedenheiten können nur dann in einer die interessierten Teile beruhigenden Weise gelöst werden, wenn dieselben vor ein unparteiisches Schiedsgericht gebracht werden."

Dieser Äußerung des ungarischen Staatsmannes stehen Stimmen aus Deutschland zur Seite. Der Zentralverband deutscher Industrieller veröffentlichte kürzlich das Referat eines bewährten sächsischen Handelskammersekretärs über die Ergebnisse einer Erhebung, welche die Handhabung der Zollgesetzgebung des Auslandes zum Gegenstand gehabt hatte. Daselbst war zu lesen: „Die Schwierigkeiten, welche durch eine einseitige autonome Auslegung von vertragsmäßig gebundenen Zollsätzen geschaffen werden, sind bekannt, so daß ich die Bedeutung dieser Frage nicht erst auseinanderzusetzen brauche; diese Schwierigkeiten bestehen nicht nur in Zollstrafen, sondern besonders in der (für den Kaufmann überaus mißlichen) Verzögerung der Abfertigung der Waren." Von allen Berichterstattern wird die Wichtigkeit einer Neuordnung anerkannt. „Der Verein zur Wahrung der gemeinsamen wirtschaftlichen Interessen des Saargebietes stellt fest, sein Industriegebiet sei durch willkürliche ungerechtfertigte Zollauslegung, besonders seitens Frankreichs und Österreich-Ungarns ganz beträchtlich geschädigt worden. Diplomatische Verhandlungen hätten sich öfters als fruchtlos erwiesen. Lediglich ein internationales Schiedsgericht würde nach dieser Richtung geordnete Zustände schaffen können".

Der Beweis, den es zu erbringen galt: daß dem Mitteleuropäischen Wirtschaftsverein auch nicht handelspolitische Aufgaben von größter Bedeutsamkeit gesetzt sind, dürfte erbracht sein. Wohl könnte der hier aufgenommene Faden noch viel weiter gesponnen werden; aber schon das Gesagte wird genügen, um jedem Zweifel gegenüber klar zu stellen, daß es an Aufgaben, die außerhalb des streng handelspolitischen Gebietes liegen, dem Mitteleuropäischen Wirtschaftsverein nicht fehlen wird. Es kann sich zu Zeiten als geboten erweisen, die handelspolitischen Aufgaben ganz in den Hintergrund treten zu lassen. Auch dann wird der Verein immer noch eine höchst gedeihliche Tätigkeit zu entfalten imstande sein, und mehr — sich als eine ökonomische Notwendigkeit für die Wirtschaft der in ihm vertretenen Staaten erweisen.

# V.

# Die Erspriesslichkeit des wirtschaftspolitischen Zusammenschlusses der mitteleuropäischen Staaten u. a. mit Hinblick auf Amerika.[1]

Meine Herren!

Es ist vor einigen Wochen an anderer Stelle, auf dem Internationalen landwirtschaftlichen Kongreß in Rom, vom Grafen Schwerin-Löwitz ein Versuch unternommen worden, der sich mit dem hier zu erörternden zu berühren scheint. Ich muß darum mit der Erklärung beginnen, daß irgend ein Zusammenhang ursächlicher Natur zwischen den zwei Aktionen, die ähnliches ins Auge fassen, nicht besteht.

Graf Schwerin bezeichnete als letztes Ziel seiner wirtschaftspolitischen Bestrebungen die mitteleuropäische Zollunion. Er nannte sich einen alten Anhänger dieser Idee, wenn er sie auch gegenwärtig noch nicht für praktikabel halte. Ich bin ein Gegner dieses Gedankens und weise ihn als aussichtslos und gefährlich — das Bessere der Feind des Guten — ab, ganz besonders auch aus politischen Gründen.

Graf Schwerin wollte weiter eine Union des „kontinentalen" Europa gegen Amerika und England. Für mich stehen diese zwei Länder nicht auf einem Blatt. Die Superiorität Amerikas ist eine Gegenwartstatsache, die Superiorität Englands Vergangenheitstatsache und — im Hinblick auf „Greater Britain" — Zukunftsmusik. Das

---

[1]) Referat, erstattet in Wien am 19. Mai 1903 der gemeinsam von der k. k. niederösterreichischen Landwirtschaftsgesellschaft und dem Zentralverband österreichischer Industrieller einberufenen Interessentenversammlung.

fordert eine verschiedene Behandlung der zwei „Gefahren“. Die eine ist zu bekämpfen, der andern wenn irgend möglich vorzubeugen. Ich stehe nicht an auszusprechen: Ich wäre aus letzterer Erwägung heraus und mit Rücksicht auf den gemeinsamen übermächtigen Konkurrenten geneigt, mit England handelspolitisch ein Einvernehmen zu suchen und würde vieles daran setzen, ein solches zu erzielen, wobei ich mir gegenwärtig halte, daß auch England aus einem solchen Einvernehmen mit den mitteleuropäischen Staaten größeren Nutzen zu ziehen vermöchte, als aus einem Greater Britain. Amerika und England sind also verschieden zu behandeln. Das ist ein weiterer Differenzpunkt zwischen den Ansichten des Grafen Schwerin und den meinen.

Der dritte Differenzpunkt liegt in meiner Stellung zur amerikanischen Gefahr. Es ist meines Erachtens nicht erforderlich und nicht empfehlenswert, Amerika anders zu behandeln, als es uns behandelt. Ich bin dafür, ihm das zu bieten, was es uns bietet, und dieses System alsdann nicht Amerika gegenüber allein zur Anwendung zu bringen, sondern ebenso anderen Staaten. Ich bekenne es, seit Jahren bin ich, obschon warmer Freund des Systems der Meistbegünstigung, gleichzeitig der Überzeugung, daß es in der Anwendung, die es jetzt findet und allezeit gefunden hat, einer prinzipiellen Reform bedarf. Ich vermag nicht einzusehen, daß man dieses höchste der Zugeständnisse gleichmäßig an Staaten gewähren soll, die unsere Waren mit 50% Zoll, häufig eigentlichen Prohibitivzöllen, belegen und an solche, die unsere Waren, wie England, frei eingehen lassen. Freilich liegt die Sache so, daß ein Staat einzeln an dem System schwer etwas ändern kann, sondern schon für diese durch den bloßen „Sinn“ der Dinge geforderte Reform, die jedem Staat einfach geben will, was man von ihm empfängt, ein Einvernehmen einer Anzahl Staaten sich empfiehlt. Es ist geschäftlich und politisch unanstößig, es ist sicher durchaus „fair“, die Zugeständnisse der Staaten unter einander besser in Einklang zu bringen, als das unter dem Regime der unbedingten Meistbegünstigung der Fall war. Amerika gewährt nicht die unbedingte Meistbegünstigung, auch wir haben sie ihm nicht zu gewähren. Keine differenzielle Behandlung Amerikas also, keine überflüssige Provokation, sondern Behandlung auf dem gleichen Fuß mit anderen Ländesn.

Das ist der dritte und letzte Differenzpunkt im Aktionsplan des Grafen Schwerin und dem meinen. Ich habe übrigens den Eindruck, daß der Graf, einer der sachverständigsten Männer in Deutschland auf dem Gebiete der Agrarpolitik, von Absichten geleitet war, über die eine Verständigung mit den meinigen möglich ist. Ich darf darum der Hoffnung Ausdruck geben, daß man sich, trotz jener ursprünglichen Differenzen, in der Sache schließlich zusammenfindet.[1])

[1]) In einem vor dem Ständigen Ausschuß des deutschen Landwirtschaftsrats am 25. Juli 1903 gehaltenen Referat hat Graf von Schwerin-Löwitz seitdem erklärt:

1. Er, Graf Schwerin, halte, ebenso wie Wolf, eine mitteleuropäische Zollunion zur Zeit weder politisch für möglich noch wirtschaftlich für angezeigt, weil, — wie es in der Begründung seines Antrages wörtlich laute — „eine solche Union insofern über das Ziel eines angemessenen Ausgleichs der Produktionsbedingungen der verschiedenen Länder hinausschießen würde, als dabei die Verschiedenheiten, welche zur Zeit auch unter den Produktionsbedingungen der europäischen Staaten noch bestehen, keinerlei Ausgleich durch Zölle mehr finden würden".

2. Er — Referent — denke ebenso wenig wie Wolf daran, England und Amerika zollpolitisch „über einen Kamm scheren" zu wollen. — Freilich halte er einen engeren wirtschaftlichen Zusammenschluß der Staaten des kontinentalen Europas für dringender und auch für wahrscheinlicher, als einen solchen einschließlich Englands. Immerhin habe er ausdrücklich betont, daß die von ihm vorgeschlagene Regelung auch solchen europäischen Staaten den Beitritt ermögliche, zu welchen große außereuropäische Länder gehörten, wie Rußland, und selbst England nicht ausgeschlossen." Von einer Gleichstellung Englands mit Amerika sei bei ihm keine Rede gewesen, und er befinde sich also auch in diesem Punkt in erfreulicher Übereinstimmung mit Professor Wolf.

3. Wenn aber Professor Wolf „keine differenzielle Behandlung Amerikas, also keine überflüssige Provokation, sondern Behandlung auf dem gleichen Fuß mit anderen Ländern" wünsche, so habe Referent in eben dem gleichen Wunsch — nicht wie Dr. Roesicke auf dem Kongreß — Zuschlagszölle für amerikanische Erzeugnisse — sondern — lediglich die Beschränkung der in den Handelsvertrkgen gegenseitig eingeräumten Vergünstigungen auf europäische Erzeugnisse d. h. auf die Erzeugnisse derjenigen Länder vorgeschlagen, welche miteinander Tarifvertrträge schlossen — und in diesem Sinne „Behandlung Amerikas auf dem gleichen Fuß mit anderen Ländern" gefordert. —

Keinesfalls dürfen Sie, meine Herren, aus dem Gesagten den Schluß ziehen wollen, daß ich geneigt sei, die amerikanische Gefahr zu unterschätzen. Ich unterschätze sie so wenig, daß ich sie mit in den Mittelpunkt meiner Auseinandersetzungen hier stellen will. In diesem Sinn: Amerika ist der stärkste Konkurrent, den wir auf dem landwirtschaftlichen und dem industriellen Gebiete heute haben; und darum hat jede Betrachtung handelspolitischer Dinge von Amerika auszugehen.

Man kann für das, was Amerika in den letzten zehn und zwanzig Jahren geleistet hat, nur staunende Bewunderung haben.

Da ist die landwirtschaftliche Konkurrenz. Vor fünfzehn Jahren meinte jener Autor, dem wir für die Aufhellung der landwirtschaftlichen Produktionsverhältnisse Amerikas zweifellos am meisten verdanken — es ist Professor Sering in Berlin —: „Die Siedlungsbedingungen liegen gegenwärtig nicht mehr so günstig wie in den letzten fünfzehn Jahren. Das öffentliche und Eisenbahnland, welches entweder umsonst oder zu einem hinter dem Ertragswert zurückbleibenden Preise veräußert wurde, ist vergeben. In größeren Komplexen findet sich derartiges Land nur noch in Gegenden, wo die Vorteile der Billigkeit durch klimatische Nachteile größtenteils ausgeglichen werden.“ Daraus wurde geschlossen:

---

Vgl. weiter die Verhandlungen der XXXII. Plenarversammlung des Deutschen Landwirtschaftsrats 1904, über den „wirtschaftlichen Zusammenschluß der europäischen Staaten und die Reform unserer bisherigen Meistbegünstigungsverträge“, wo der Antrag der Referenten Graf von Schwerin-Löwitz und Reichstagsabgeordneten Osel-München, lautend:

> Eine europäische Zollunion erscheint zwar aus wirtschaftlichen und politischen Gründen z. Z. weder möglich, noch — bei der Verschiedenheit der Produktionsbedingungen, wie sie auch unter den europäischen Staaten besteht — erwünscht.
>
> Immerhin fordert die sichtliche Überlegenheit großer Wirtschaftsgebiete und das Bestreben ihrer Bildung in anderen Weltteilen — namentlich von Seiten Amerikas und Großbritanniens — gebieterisch einen engeren wirtschaftlichen Zusammenschluß der europäischen Staaten. Der Deutsche Landwirtschaftsrat begrüßt daher freudig alle auf einen solchen Zusammenschluß gerichteten Bestrebungen —, wie namentlich auch den kürzlich ins Leben gerufenen „mitteleuropäischen Wirtschaftsverein“

zur Annahme gelangte.

„Eine Erhöhung der Getreidepreise auf dem Weltmarkte in nicht zu langer Zeit ist als sehr wahrscheinlich anzusehen.“

Tatsache ist indes, daß der Voraussagung zuwider die Konkurrenz während dieser fünfzehn Jahre nicht an Macht abgenommen, vielmehr zugenommen hat. Mitte der achtziger Jahre, als den kompetentesten Beurteilern diese Konkurrenz auf dem Gipfel angelangt schien, wurde etwas über ein Viertel der amerikanischen Weizenproduktion exportiert, Mitte der neunziger Jahre aber schon ein Drittel, etwa 33 %, 1901 und 1902 war man — unter allerdings besonders günstigen Verhältnissen — glücklich bei zwei Fünfteln, etwa 40 % gegenüber den 25, die den Gipfel darstellen sollten, angelangt.

Auch die Preise haben dementsprechend nicht den in Aussicht genommenen Gang beschrieben. Vorausgesagt war worden: „Eine Erhöhung der Getreidepreise auf dem Weltmarkte in nicht zu langer Zeit ist als sehr wahrscheinlich anzusehen.“ Tatsächlich war der Preis, als diese Voraussagung gemacht wurde, auf dem New-Yorker Markte rund 90 Cts. pro Bushel. Die Jahre des stärksten Tiefstandes kamen aber erst 1894 und 95 mit 61 und 67 Cts., und lange Zeit stand der Preis alsdann bei rund 80 Cts.

Diesem Sinken des Preises entsprach ein gleichzeitiges Sinken der Produktionskosten. Sie sind unter dem Einfluß steigender Intensität der Produktion für's erste nicht gewachsen, sondern haben abgenommen.

Früher war die amerikanische Konkurrenz die große Gefahr vermöge der Extensität der dortigen Landwirtschaft. Man glaubte, wenn angefangen würde, intensiver zu wirtschaften, würden die Verhältnisse in Amerika vor den europäischen nicht mehr allzuviel voraus haben. Später zeigte sich, daß der Übergang zu einer gewissen Intensität des Betriebs den amerikanischen Farmer wenigstens eine gewisse Zeit hindurch nur noch leistungsfähiger mache.

Wir haben einen sicheren Maßstab für die Höhe der Produktionskosten, einen weit sichereren, als Einzelrechnungen ihn bieten, in dem Zurückweichen des Weizenareals, das gewissen Preisen folgt und in der Erweiterung des Areals, das sich an andere Preise anschließt. Der amerikanische Farmer ist Kaufmann. Einen unrentablen

Anbau schränkt er ein, einen rentablen dehnt er aus. Nun läßt sich konstatieren, daß, während in den achtziger Jahren das Areal bei 65 Cts. pro Bushel Durchschnittspreis auf der Farm bereits einen Rückgang erfuhr, es in den Jahren an der Wende des Jahrhunderts bei einem solchen Preise regelmäßig stieg! Ziemlich das gleiche Verhalten wie früher bei 68 Cts. zeigte später der Farmer etwa bei 58 Cts. Farmpreis. Wir können daraus auf einen Rückgang der Produktionskosten um nahezu 10 Cts. gleich rund 15% schließen. Und bemerkenswert ist nun, daß dieser Rückgang sich vollzogen hat bei gleichzeitiger Verintensivierung des Betriebs.

Im letzten amerikanischen Zensuswerke ist darüber zu lesen: „Kein Mann von Intelligenz zweifelt daran, daß die industrielle Suprematie, welche die Nation in jüngster Zeit gewonnen hat, sich auf die im Verhältnis zu anderwärts viel stärkere Verwendung von Maschinenkraft in den Fabriken zurückführt. Nicht so oft wird die gegen anderwärts viel größere Zahl Pferdekräfte, über welche die Landwirtschaft verfügt, als Ursache ihrer Überlegenheit bezeichnet. Aber doch ist dieses Land in der Lage, die Früchte des Feldes billiger zu gewinnen als europäische Nationen, weil es Pferdekräfte auf dem Feld in größerem Maße verwendet als jene, und die Überlegenheit der amerikanischen Landwirtschaft ist in diesem Punkte sogar markanter als die der amerikanischen Industrie. Die Zahl der Pferdekräfte auf amerikanischen Farmen ist 6mal größer als in Deutschland, 12mal größer als in Großbritannien mit Irland, 30mal größer als in Italien und 6mal größer als in Österreich-Ungarn. Die Differenz der verwendeten Pferdekräfte“, so schließt der amtliche Berichterstatter, „gibt Amerika einen wundervollen Vorsprung gegen andere Länder. In diesem Punkt steht die amerikanische Farm auf der Höhe der amerikanischen Fabrik, und amerikanische Farmarbeit ist heute der stärkste industrielle Faktor der Welt.“

Ich möchte dieser Beweisführung nur in beschränktem Umfang beipflichten. Weder ist der hauptsächliche Grund der Überlegenheit der amerikanischen Industrie über die europäische die Verwendung von Maschinenkraft, noch ist die Zahl der Pferdekräfte in der Landwirtschaft für das Maß Intensität oder für die Höhe der Produktionskosten daselbst — auf diese kommt es an — entscheidend; noch ist es überhaupt korrekt, die absoluten Ziffern der Pferdebestände in den verschiedenen Ländern in Vergleich zu ziehen. Viel mehr als aus der Masse Pferdekräfte geht das, was die letzten zehn Jahre an Steigerung der Intensität geleistet haben, aus der Tatsache hervor, daß niemals früher in gleicher Zeit die Ausstattung der Landwirtschaft mit Maschinen einen ähnlichen Fortschritt gemacht hat. 1890 besaßen die amerikanischen Farmer Geräte und Maschinen im Werte von 500 Millionen Dollars, 1900 bereits im Werte von 760 Millionen Dollars, d. i. eine Steigerung des im Laufe eines Jahrhunderts angesammelten Inventars um 50 % während eines Jahrzehnts.

Ich darf nicht länger bei den Verhältnissen der amerikanischen Landwirtschaft verweilen. Ich lasse mir daran genügen, zum Schluß die Äußerung eines Sachverständigen wiederzugeben, den ich anführe, weil er durch seine Parteizugehörigkeit darauf hingewiesen ist, die agrarische Gefahr, die von Amerika droht, möglichst gering anzuschlagen. Der bekannte Sozialist Ed. Bernstein schrieb vor kurzem darüber im „Vorwärts“: „Es ist absolut utopistisch, auf ein baldiges Steigen des Weizenpreises in den Vereinigten Staaten zu rechnen. Die Weizenproduktion der Union ist noch einer gewaltigen Steigerung fähig. Und selbst wenn der Weizen der Vereinigten Staaten auf dem europäischen Markt von dem noch billigeren Weizen Argentiniens und ähnlich gelegener Länder völlig verdrängt würde, so bliebe doch die Weizenproduktion der ersteren ein Faktor von größter Wichtigkeit für die europäische Volkswirtschaft. Indirekt würde sie doch den Weltmarktpreis auf einem Satz halten helfen, gegenüber dem die Länder mit hoher Bodenrente viel zu teuer produzierten, um der Konkurrenz gewachsen zu sein.“ —

Ich halte nicht für ausgeschlossen, daß Bernstein hier zu schwarz malt. Denn auch in Amerika hat die Rentenbildung längst begonnen. Aber nur um so vielsagender ist unter diesen Umständen jene Äußerung.

Ähnlich wie auf dem Gebiete der Landwirtschaft liegen die Dinge auf dem Gebiete der Industrie. Auch hier nur wenige

Daten aus einer Fülle, die nach Bänden geht! Der Wert der industriellen Produktion Nordamerikas nach Abzug des Werts der Materialien war 1900 $5^2/_3$ Milliarden Dollars, 1880 war derselbe erst 2 Milliarden gewesen, binnen zweier Jahrzehnte also ein Fortschritt von 2 auf $5^2/_3$ Milliarden, d. h. auf nahezu das Dreifache. Der Wert der industriellen Produktion mit Einschluß der Materialkosten war 1880 5,4 Milliarden Dollars = 21,6 Milliarden Mark gewesen, 1900 war er 13 Milliarden Dollars = 52 Milliarden Mark, das gibt ein absolutes Plus der Jahreserzeugung binnen 20 Jahren um 30 Milliarden Mark. Es ist eine wahnsinnige Ziffer. Die Zahl der industriellen Etablissements in den Vereinigten Staaten war 1880 254000, 20 Jahre später 512000, ihr Kapital ging gleichzeitig von 2,8 Milliarden auf 9,8 Milliarden Dollars hinauf.

Schon diese wenigen Daten, die die Entwicklung eines nur zwanzigjährigen Zeitraums darstellen, wären beredt genug. Sie mögen trotzdem eine Ergänzung durch andere finden. So sei erwähnt, daß die Roheisenproduktion in dieser kurzen Zeit von 20 Jahren von 4 auf 14 Millionen Tonnen gestiegen ist, die Stahlproduktion von etwas über 1 auf 10 Millionen Tonnen, die Kohlenförderung von 64 auf 240 Millionen Tonnen, und die Fabrikateausfuhr von 103 auf 434 Millionen Dollars. Noch 1895 war die Fabrikateausfuhr nicht über 184 Millionen, 1900 bereits 434 Millionen Dollars. Das ist eine Invasion von der Gewalt eines Sturzbachs.

Man sagt sonst, Ausfuhr schaffe Einfuhr und umgekehrt. Für Amerika stimmt auch das nicht. Während die Ausfuhr amerikanischer Fabrikate binnen kürzester Frist jene enorme Steigerung durchgemacht, hat die Fabrikateeinfuhr überhaupt keine Steigerung erfahren. Alles in allem ist die Einfuhr nach Amerika von 1890 auf 1900 um — sage und schreibe — 5,2% hinaufgegangen. Wenn Sie aber wissen wollen, was für Einfuhren es gewesen sind, die eine Zunahme aufweisen, so erfahren Sie: Die Einfuhr von Häuten und Fellen ist um 165% gestiegen, die von Seide um 86%, die von Kautschuk und Guttapercha um 114%, jene von Zinn um 176 und die von nicht amerikanischer Baumwolle um 472%! Von Rohstoffen, die in Amerika zu Fabrikaten verarbeitet werden, wird also mehr, teilweise kolossal viel mehr eingeführt als früher.

Wenn trotz dieser Steigerung bei ihnen die gesamte Einfuhr nur um 5% gestiegen ist, so darum, weil die Einfuhr von Fabrikaten gleichzeitig zurückging.

Die amerikanischen Fabrikate-Ausfuhren überfluten also immer mehr die ausländischen Märkte. Gleichzeitig verschließen sich die amerikanischen Märkte immer mehr den Fabrikate-Einfuhren von außen.

Das sind Entwicklungen, wie sie in dieser Intensität und Vehemenz die Geschichte der Volkswirtschaft bisher nicht gekannt hat. Und die Frage ist nun, wie, wenn das so weiter geht, die Zukunft sich gestalten soll! Um diese richtig zu beurteilen, ist festzustellen 1. daß Amerika für die Organisation seines industriellen Exports bisher so gut wie nichts getan hat, 2. daß es infolge der durch günstige Verhältnisse geschaffenen und gerade jetzt ins Ungeheure gesteigerten Aufnahmefähigkeit der heimischen Märkte bisher auf die ausländischen Märkte gar nicht angewiesen war.

Um ersteres zu belegen, so schreibt der amerikanische Konsul in Stuttgart: „Soviel ich weiß, scheint seitens der amerikanischen Fabrikanten kein ernstlicher Versuch gemacht zu sein, geschäftliche Beziehungen in diesem Bezirk anzubahnen. Die amerikanischen Waren, die hier in ziemlichem Umfange verkauft werden, fallen dem amerikanischen Fabrikanten sozusagen von selbst in den Schoß.“ Der Konsul in Lüttich läßt sich vernehmen: „Wie jetzt die Verhältnisse liegen, ist niemand da, unsere Waren in Aufnahme zu bringen, und sie werden nur dank ihrer großen Überlegenheit gekauft.“

Organisiert ist bisher also nichts. Was dann die Aufnahmsfähigkeit des amerikanischen Marktes betrifft, so war sie in letzter Zeit ins Ungemessene gesteigert durch eine unerhört regelmäßige Folge ausgezeichneter Ernten bei in der Regel auch guten Preisen und durch den Neubau wie die Erneuerung von Eisenbahnen im außerordentlichsten Umfang. Hätten diese Verhältnisse anders gelegen, so würden die amerikanischen Exporte schon heute die Auslandsmärkte überfluten. Denn so sehr sie während der letzten Jahre gestiegen sind, stellen sie auch heute nur ein Dreißigstel des Wertes der amerikanischen Fabrikateproduktion dar. Deutschland, obschon industriell nicht so stark wie Amerika, führt ein Fünftel seiner industriellen Produktion aus. Ein Fünftel in Amerika wären jährlich 10½ Milliarden Mark, während 1900 die Ausfuhr trotz vorausgegangener Steigerung erst 1,7 Milliarden Mark betrug. Das scheint die Dimensionen zu bezeichnen, in denen die amerikanische Ausfuhr aus der Leistungsfähigkeit der amerikanischen Industrie heraus noch einer Steigerung fähig wäre.

In der Tat schickt Amerika sich an, seinen Absatz ins Ausland in großem Stile zu organisieren. Wieder eine ganz unanfechtbare Quelle, ein Angehöriger der gleichen politischen Partei, wie der vorher angezogenen, und damit Gegner von Schutzzöllen auch für die Industrie, der darnach geneigt sein sollte, sich jenen beizugesellen, die mit Absicht ihre Augen gegen die amerikanische Gefahr verschließen, der deutsche Reichstagsabgeordnete Calwer, berichtet darüber: „Es ist Tatsache, daß der amerikanische Markt für die während der letzten Jahre enorm gestiegene Leistungsfähigkeit der amerikanischen Produktion zu schwach wird. In Voraussicht dieses Umschwungs haben die Amerikaner schon seit längerer Zeit Vorbereitungen getroffen, um einen Exportfeldzug in großem Stile nach aller Herren Länder, vornehmlich aber auch nach Europa und Deutschland zu organisieren.“ Calwer führt das näher aus und stellt zuletzt fest, daß eine bis ins Einzelne gehende Exportorganisation im Entstehen ist. Und als Äußerung der amerikanischen Fachleute teilt er mit: „Eine solche Organisation mag ja ein großes Anlagekapital erfordern, aber es macht sich bezahlt durch den sicheren (sic!) und dauernden (sic!) Besitz der ausländischen Absatzgebiete.“

Soviel von der bevorstehenden Mobilisierung der amerikanischen Exportindustrie. Zudem spricht alle Wahrscheinlichkeit dafür, daß der heimische Absatz in Amerika über kurz oder lang einen Stoß erhält, der das amerikanische Fabrikat doppelt auf den Absatz in Europa, besonders aber auf jenen Märkten hinweist, die Amerika gemeinsam mit Europa hat und auf denen es darum nicht unter ungünstigeren Bedingungen arbeitet, als die Industrie der europäischen Staaten. Fette Ernten werden auch in Amerika durch magere abgelöst, und magere bedingen ein Sinken der Kaufkraft. Der Zusammensturz vieler Dutzende überkapitalisierter Trusts muß die

Folge solchen Sinkens sein, und die weitere, daß mit der alsdann eintretenden Reduktion des (zu verzinsenden) Kapitals dieser Trusts die Konkurrenzkraft Amerikas noch über das Maß der heutigen steigt. —

So liegen also die Verhältnisse auf dem Markt der industriellen Produkte. Um nun aber den Weg zu meinem besonderen Thema, dem der Ersprießlichkeit eines wirtschaftlichen Zusammenschlusses der mitteleuropäischen Staaten, zurückzufinden, muß mit einem Wort auch noch der Gründe der Überlegenheit Amerikas über Europa gedacht werden um festzustellen, ob nicht ein Teil dieser Überlegenheit auch durch die europäischen Staaten erworben und damit ein gewisser Ausgleich der Produktionsbedingungen geschaffen werden kann. Amtlich werden als Quellen der Überlegenheit Amerikas die folgenden bezeichnet: 1. unübersehbarer Reichtum an Naturstoffen, der auch jedem besonderen Wunsche gerecht wird; 2. Transportfacilitäten, wie sie die übrige Welt ähnlich nicht kennt; 3. ein Absatzmarkt, mit dem hinsichtlich seiner Einheitlichkeit und seiner Ausdehnung wieder kein anderer in der Welt sich messen kann; 4. komme für Amerika in Betracht die Freiheit von technisch rückständigen Betrieben und Ideen.

Der Naturreichtum Amerikas sei allseitig, Lücken habe es wenige, die Rohstoffe seien in Amerika billiger als anderwärts. Was die Transportfacilitäten betrifft, so bestehen sie in 18000 Meilen schiffbarer Flüsse, in einem Eisenbahnsystem, das um 20000 (engl.) Meilen größer ist, als das aller europäischen Staaten zusammen, und in dem Umstand, daß die reichsten Eisen- und Kupferminen des Landes am Wasserwege liegen und zwar am bevorzugten Wasserwege des Seensystems, wo sich dann auch 60% der Industrie zusammenfinden. Auch daß die Eisenbahnen zu rund einem Viertel der europäischen Sätze fahren können, verdiene Erwähnung. Weiter werden die Vorzugsverhältnisse des amerikanischen Marktes genannt. Es ist das meines Erachtens das bedeutsamste Moment. Und damit komme ich wieder an das, was Mitteleuropa not tut. Der Amerikaner Vanderlip sagt über den amerikanischen Markt im Unterschied zum europäischen das Folgende:

„In Europa hat jeder Fabrikant ein scharf umgrenztes Feld.

Er findet andere Tarife und andere Sprachen in nur geringer Entfernung von seiner Heimat, nach welcher Richtung er sich auch wenden mag. Der Artikel, der in dem einen Distrikt verkauft werden kann, findet in dem benachbarten vielleicht gar keinen Absatz. In Amerika trägt der Mann in Los-Angeles denselben Hut wie der in Boston, und die Leute in der ganzen Entfernung von 3000 Meilen kleiden sich gleich und kaufen, allgemein gesprochen, dieselben Waren. Dieser unvergleichliche Markt, der es dem Fabrikanten erlaubt, mit Erfolg einen Standard-Artikel zu konstruieren und dann eine große Anzahl dieses Artikels zu fabrizieren, ist die sicherste Unterlage, auf der sich auch ein ausländischer Handel großen Stils aufbauen läßt. Kein europäischer Fabrikant kann uns erfolgreich in dieser Richtung folgen."

In der Tat — bisher nicht. Aber eben das soll zum Teil anders werden.

Es würde eine der Aufgaben des Mitteleuropäischen Wirtschaftsvereins sein, die Industrien dies- und jenseits der Grenzen der verschiedenen Länder zusammenzuführen zu regelmäßiger Verhandlung über gemeinsame Interessen und womöglich zur Verständigung darüber, wie den Industrien des einen und des andern Landes ein Absatzfeld über das eigene Staatsgebiet hinaus für Spezialitäten, zu deren Erzeugung das eine Land in höherem Grade vorbegabt ist als das andere, geschaffen werden kann. Keinerlei Beeinträchtigung eines einzelnen Landes, vor allem keinerlei Regelung über den Kopf der beteiligten Industrien hinweg, vielmehr ein Austausch von Konzessionen nach dem System einer Arbeitsteilung, die wir heute in Europa nur höchst unvollkommen, ja fast überhaupt nicht besitzen, da sie durch das den Ländern eigentümliche Bestreben, möglichst viele Industrien ihr Eigen zu nennen, wenn nicht im Keime erstickt, so doch an jeder Entfaltung gehindert worden ist. Meines Erachtens ist jenes „nationale" System der politischen Ökonomie, das in jedem Land jede Industrie und jede Spezialität vertreten sehen will, ähnlich verfehlt, wie das entgegengesetzte des extremen Freihandels. Hier wie dort zweifellos ein Mißverständnis der Zollidee. Denn es ist eine Quelle von Verlusten für ein Land, wenn Industrien und Spezialitäten aufgezüchtet werden, für die man keinerlei Beruf besitzt. Anbahnung einer Arbeitsteilung unter weitestgehender Schonung der einmal bestehenden Verhältnisse durch das Mittel gegenseitiger Verständigung ist da eine der dringendsten und bedeutsamsten Aufgaben der Gegenwart behufs Stärkung der Konkurrenzkraft, d. h. behufs Herabsetzung der Produktionskosten in jedem einzelnen Lande.

Ist es mit in erster Linie der große Absatzmarkt, der die amerikanische Industrie groß gemacht hat und groß erhält, so müssen auch die Industrien der europäischen Länder sich die Vorteile eines solchen zu eigen zu machen suchen, und das ist kaum anders möglich wie auf dem vorhin bezeichneten Wege. Größere Absatzmärkte sind auch eine gewisse Einheitlichkeit der Bedürfnisse zu erzeugen im stande, denn der Produzent erzieht sich den Konsumenten, und damit ist dann die Möglichkeit einer Massenerzeugung von Typen gegeben, die, indem sie Anwert über das eigene Land hinaus finden, auch ihrerseits nach amerikanischem Muster die Produktionskosten vermindern.

Bisher haben wir nichts von alledem, nicht einmal Mittel der Verständigung zwischen den Industrien eines und des andern Landes. Es ist, als ob eine tiefe Kluft die Nachbarländer trennte.

Die Möglichkeiten, von denen ich hier spreche, liegen aber nicht bloß auf dem Gebiete der Industrie, sondern auch auf dem der Landwirtschaft. Auch hier muß im Interesse der Herabsetzung der Produktionskosten mit der alten Vielseitigkeit und Allseitigkeit gebrochen werden. Von berufenster Seite (v. Rümker) ist ausgesprochen worden: „Die alte Vielseitigkeit des Landwirtschaftsbetriebes, welche auf einem Gute alles erzeugte, was die Landwirtschaft überhaupt hervorzubringen vermag, ist nicht mehr zeitgemäß. Die Vielseitigkeit der Produktion erfordert mehr Arbeits- und Aufsichtspersonal, sie erschwert und verteuert den Betrieb nach mancher Richtung. Jede Wirtschaft sollte heutzutage möglichst nur das produzieren, was für sie am sichersten und einträglichsten ist und sollte die Erzeugung anderer Dinge anderen Wirtschaften überlassen.“ — Allerdings wird die Landwirtschaft durch die Rücksicht auf die Fruchtfolge und andere Verhältnisse in diesem Bestreben immer einigermaßen beschränkt sein und in Europa entfernt nicht so weit gehen können wie in Amerika mit seinen Mais- und Weizenfarmen; aber in bemerkenswertem Umfang kann zweifellos auch bei uns die Beschränkung der Betriebszweige die landwirtschaftliche Produktion verbilligen helfen.

Das gilt wie für das Verhältnis der Wirtschaften eines Landes zu einander, so auch und nicht weniger für das Verhältnis verschiedener Länder. Eine Arbeitsteilung zwischen den Ländern in höherem Grade als heute ist geboten. Wieder ist dann aber eine Verständigung der Beteiligten der Weg, um — eventuell mit Zuhilfenahme der Zölle — das anzubahnen, was man als zweckmäßig erkannt hat.

Nichts des Aggressiven liegt in diesem Programm. Nichts des Aggressiven gegen Amerika, noch gegen ein anderes Land. Den Versuch, sich besser einzurichten, einen Teil der Vorteile sich zuzuwenden, über welche die stärkeren Länder verfügen oder „das“ stärkere Land, dieser Versuch, seinem Beispiel in positiver Arbeit zu folgen, ist sicher ein berechtigter und unanfechtbar unter jedem Gesichtspunkt.

Aber weiter! Daß eine Reform des Systems der Verträge mit Beibehaltung der Meistbegünstigung, aber mit gleichzeitiger Anwendung des Prinzips der Reziprozität ein Erfordernis der Zeit ist, habe ich schon angedeutet. Niemandem kann zugemutet werden, daß er mehr gewähre, als ihm gewährt wird, und dem Staate, der 50 % Zölle erhebt, dasselbe zuzugestehen, wie jenem, der einen Schutzzoll überhaupt nicht kennt, ist, trotzdem diese Praxis heute von europäischen Staaten allgemein geübt wird, ein Unding. Liegt dies in dem „System“ begründet, dann ist ein Systemwechsel dringend geboten. Klar ist aber, daß ein solcher im Einvernehmen einer Anzahl Staaten eher durchzuführen ist.

Als „ultima ratio“ haben wir die Kündigung der Meistbegünstigung. Aber auch sie ist rationell meist nur durchzuführen im Einvernehmen einiger Mächte. Nur zu leicht fällt sonst das Absatzfeld, das dem einen infolge Kündigung der Meistbegünstigung verloren geht, dem anderen zu und ist ganz fast nie wiederzugewinnen. Das gilt ebensowohl dann, wenn die Kündigung in Minne geschehen ist, wie wenn sie zum Zollkrieg führt. Darum ist hier besondere Vorsicht geboten, Vorsicht selbst dann, wenn man der Stärkere ist. Denn ist es ein Sieg, den man erficht, so ist es immer ein Pyrrhus-Sieg. Schon

Bismarck sagte darum, als er die Verhandlungen über den bekannten Artikel 11 des Frankfurter Friedensvertrages führte, zu Jules Favre, er wolle sich lieber einem Krieg mit Kanonen als mit Zolltarifen aussetzen.

Liegen die Verhältnisse derart, so ist sehr erfreulich, aussprechen zu dürfen, daß ein zollpolitisches Einvernehmen zweier oder dreier Großmächte die Beteiligten wohl immer der Notwendigkeit eines Zollkrieges überhebt. Was ihnen der Zollkrieg zu leisten vermöchte, fällt ihnen vermöge ihrer Machtbedeutung einfach in den Schoß. Wer mit Österreich-Ungarn einen Zollkrieg führen will, muß sich damit abfinden, ein Absatzfeld, das 47 Millionen Menschen zählt, zu verlieren. Wer mit Österreich-Ungarn, Deutschland, Frankreich einen Zollkrieg führen wollte, würde den Verlust eines Absatzgebietes von 153 Millionen Menschen riskieren, d. i. des Doppelten der Menschenzahl der Union. Das kann kein Staat, ohne seine Volkswirtschaft schweren Erschütterungen auszusetzen.

Handelspolitische Allianzen also, solche dann aber wieder nicht nur ad hoc für den Fall von Zollschwierigkeiten, sondern vor allem auch für die regelmäßigen Vertragsverhandlungen, mit Rücksicht darauf, daß durch die Solidarität mit einer zweiten und dritten Macht die eigene Position eine Stärkung erfährt, wie sie durch ein anderes Verfahren, welcher Art immer es sei, niemals bewirkt werden kann. —

Ich schließe hier. Ich habe nur einige von den Gesichtspunkten, die die Tätigkeit eines mitteleuropäischen Wirtschaftsvereins bezeichnen würden, ausgehoben. Aber ich möchte hoffen, daß das Gesagte genüge, um Sie über jene Zwecke des geplanten Vereins, die nach der Seite der Handelspolitik liegen, so wie sie durch mich beurteilt werden, zu orientieren. Durch die Verständigung der Interessenten der verschiedenen Länder ist, wenn nicht alles, so doch vieles zu gewinnen, durch den Verzicht darauf wenn nicht alles, so doch vieles zu verlieren. Die Vorteile der hier anzubahnenden Aktion treten in verstärkter Konkurrenzkraft, herabgesetzten Produktionskosten, in gegenseitiger Sicherung des Binnenmarktes, in Vorteilen gleichzeitig für Produzenten und Konsumenten zu Tage.

# VI.

# Der Mitteleuropäische Wirtschaftsverein und England.

Man mag den Chamberlainschen Kundgebungen ein günstiges oder ungünstiges Schicksal voraussagen, Eines ist sicher, daß ihr etwaiger Mißerfolg sie nicht begraben wird, sondern von den Ideen, die in ihnen leben, einige immer neu aufstehen werden, bis sie sich zu Taten verdichtet haben, in denen man mindestens eine teilweise Lösung der anfgeworfenen Probleme sehen kann. Das ist die dauernde Bedeutung der Chamberlainschen Aktion.

Ich glaube nicht an den politischen Erfolg des Chamberlainschen Planes, selbst dann nicht, wenn er in England die Mehrheit des Volkes für sich gewinnen sollte, was darum zweifelhaft, weil er eine Verteuerung des Lebenshaushaltes des Einzelnen bedeutet. Sollte es ihm aber hier gelingen, festen Fuß zu fassen, wären immer noch die Kolonien zu gewinnen. Und diese haben bisher wenig Verständnis für die Handelsinteressen des Mutterlandes gezeigt. Ein in London erscheinendes deutsches Blatt schrieb vor kurzem: „Daß Kanada, Australien, die südafrikanischen Besitzungen, ja die rhodesischen Lande eine Schutzzollpolitik treiben, gegen die alle kontinentalen Schranken nur papierne Hecken sind, dessen wird der Brite nur in den seltensten Fällen inne. Nur wenn ihm persönlich einmal der Nagel brennt, wenn er hört, daß ein Verlobungsring, den er seiner Auserwählten nach Tasmanien schickt, dort mit einem Eingangszoll von 8 Pfund Sterling belegt wurde, kommt ihm das dämmernde Bewußtsein, es sei mit der Gottähnlichkeit der britischen Handelsfreiheit am Ende aller Enden doch nicht so bestellt, wie es täglich in den großen Zeitungen zu lesen.“ In den Kolonien müßte also ein völliger Stimmungsumschwung mit Bezug auf die handelspolitischen Dinge Platz greifen, sollte der Chamberlainsche Plan auch hier die Widerstände überwinden. Das ist aber kaum wahrscheinlich.

Sind die Aussichten des Chamberlainschen Planes also nicht die besten, so ist doch nicht zweifelhaft, daß er in England selbst Tendenzen ausgelöst hat, die unter der Decke schon seit lange geschlummert oder gearbeitet haben, nur daß ihre Richtung eine andere war als jene, die Chamberlain jetzt ihnen gern geben möchte.

Es ist sicher, daß der absolute Freihandel, den England jetzt ein halbes Jahrhundert geübt hat, das Inselreich je länger je weniger befriedigt. Eine seit Jahren gegen ihn gerichtete Agitation hat in Chamberlain ihr Sprachrohr gefunden. Daß England jenes größte der handelspolitischen Zugeständnisse, die Zollfreiheit für die fremden Produkte, auf die Dauer nicht mehr jedermann von vornherein gewähren, sondern sie von Konzessionen abhängig machen wird, ist vorauszusehen. Wohl werden die britischen Inseln darum noch lange keine Hochburg des Schutzzolles werden, aber doch eben ein Land, welches für das, was es bietet, von nun an Gegenleistungen verlangen und wenn solche nicht gewährt werden, vor Zöllen, so odios sie bisher waren, nicht zurückschrecken wird. Den europäischen Festlandsstaaten wird der englische Markt von einem gewissen Zeitpunkt an nicht mehr in der Weise offen stehen wie bisher.

Es empfiehlt sich Antwort auf die Frage zu suchen, welcherlei Umstände diese Entwicklung in England gezeitigt haben. Es sind ihrer zwei. Zunächst zweifellos der Umstand, daß England in den letzten Jahrfünften einen ebenbürtigen Konkurrenten gefunden hat in Deutschland nnd in den allerletzten Jahren sogar einen überlegenen Konkurrenten in — Nordamerika —, und sodann von allem Anfang an die Unzulänglichkeit jenes Systems der reinen Meistbegünstigung, welche die europäischen Festlandstaaten diese Meistbegünstigung schließlich an jedermann gewähren, fast möchte man sagen „verschleudern" ließ, so gut an Staaten, die wie Nordamerika oder Rußland Prohibitivzölle erhoben, wie an Staaten, die wie England allen Waren offen standen.

England hatte vor jenen seinen dem Prinzip der Prohibition huldigenden Konkurrenten nichts voraus, so viel es selbst in seinem Freihandel auch bieten mochte. Trägt dieses System aber mit die Schuld an der Wendung der Dinge in England, so ist auch klar, daß zurückgehalten oder in engere Grenzen gebannt diese Wendung Englands dann allein werden kann, wenn rechtzeitig genug von seite der Festlandstaaten die Bereitwilligkeit erklärt wird, das System einer sachgemäßen Reform zu unterziehen. Dieser Reform die Bahn zu bereiten, ist aber schon vor Chamberlain als eine der Aufgaben des jetzt in Gründung begriffenen mitteleuropäischen Wirtschaftsvereins bezeichnet worden.

Um Interessen in welchem Umfang es sich dabei handelt, geht ohne weiteres aus der Statistik der Einfuhren der mitteleuropäischen Staaten nach England im Verhältnisse zu den Exporten nach einigen anderen Ländern hervor.

Die Warenausfuhr Deutschlands nach England war 1900 rund 860 Millionen Mark, jene nach Österreich-Ungarn noch nicht 500, nach Rußland 350, die nach Frankreich 250 und die in die Vereinigten Staaten von Nordamerika 440 Millionen. Steht in Deutschland derart die Warenausfuhr nach England weitaus an erster Stelle unter allen Ausfuhren, so nimmt unter den Ausfuhren Österreich-Ungarns jene nach England unmittelbar die Stelle hinter der Ausfuhr nach Deutschland ein, wenn auch in sehr großem Abstand von letzterer. Die Ausfuhr war 1900 nach England 200 Millionen Kronen gegen rund 1060 Millionen Kronen Ausfuhr nach Deutschland, 150 Millionen Ausfuhr nach Italien. Auch von den Exporten der Schweiz steht jener nach England schon an zweiter Stelle, hier aber sehr nahe der Ausfuhr nach Deutschland. Während der Export hierher 1900 209 Millionen Francs war, war jener nach England aus der kleinen Schweiz (3,3 Millionen Einwohner!) 173 Millionen, der nach Frankreich 144 Millionen, der in die amerikanische Union 96 Millionen Francs.

Im Verkehr mit England handelt es sich also, wenn man die mitteleuropäischen Staaten ins Auge faßt, zweifellos mit um die stärksten handelspolitischen Interessen, die diese Staaten überhaupt haben. Das zeigt sich ganz besonders auch, wenn man noch auf die dritte Großmacht im Kern Europas Bedacht nimmt. Frankreich exportierte 1900 von 3,6 Milliarden Gesamtausfuhr nicht weniger als 1230 Millionen Francs nach England gegen 600 Millionen Francs nach Belgien und 465 Millionen Francs nach Deutschland.

Die mitteleuropäischen Staaten haben also das dringendste Interesse daran, England nicht allzu weit von der Bahn des Freihandels abweichen zu sehen. Dies ist aber, wie gesagt, möglich nur unter einer Bedingung: Es bedarf der Einfügung des Prinzips der Reziprozität in die Handelsverträge, einer Kombination desselben mit dem Prinzip der Meistbegünstigung. Eine solche Reform kann aber nur im Einvernehmen mehrerer Staaten vorbereitet werden. Ein einzelner Staat kann sie niemals ins Werk setzen, ohne sich selbst zu isolieren und den Abschluß vorteilhafter Handelsverträge für sich geradezu unmöglich zu machen.

Man hat gelegentlich einem wirtschaftlichem Einvernehmen der mitteleuropäischen Staaten eine Spitze gegen England zu geben versucht. Dem „Mitteleuropäischen Wirtschaftsverein“ liegt jedenfalls nichts ferner als eine solche Absicht. Eine seiner vornehmlichsten Pflichten besteht im Gegenteile in der Unterstützung Englands auf der bisher von ihm durch ein halbes Jahrhundert eingehaltenen Bahn.

Chamberlain hat dem, was im Zuge der Zeit liegt, zweifellos eine falsche Spitze gegeben. Die Richtung auf die Kolonien hin, um derentwillen er die ganze Frage aufwarf, wird kaum eingeschlagen werden. Es ist anzunehmen, daß das englische Volk sehr bald begreifen wird, daß die Rechnung falsch ist, die er aufgemacht hat und nicht hier sein Heil liegt. Auch dafür muß aber England in der bereitwilligen Reform des Meistbegünstigungssystems ein Entgegenkommen finden. Soll der englische Absatzmarkt den europäischen Industrien im bisherigen Umfang oder nahezu in diesem erhalten bleiben, bedarf es einer Arbeit im Sinne des vom „Mitteleuropäischen Wirtschaftsverein“ von Anfang an ins Auge gefaßten Arbeitsprogramm.

# Ein österreichischer Volkswirt über die Bedeutung eines mitteleuropäischen Wirtschaftsvereins.

Unter den Meinungsäußerungen über den Mitteleuropäischen Wirtschaftsverein ist sehr häufig und sogar von seiten ernster, kompetenter Beurteiler eine und dieselbe Ausstellung zu hören: die Ziele des Vereins seien zu hoch. Man unterstellt ihm, er wolle in utopischer Weise große Reiche mit vielfach divergierenden wirtschaftlichen Interessen zu einer handelspolitischen Einheit zusammenschmieden, in phantastischer Manier ein mitteleuropäisches Bollwerk gegen Rußland, die Vereinigten Staaten und Greater Britain schaffen, gewissermaßen die handelspolitische Vorsehung der mitteleuropäischen Länder spielen.

In Wirklichkeit ist der Verein von derartigen Luftgebilden weit entfernt. Seine Gründer und Freunde glauben aber Eines sicher zu wissen: nämlich daß der Zug und die Not der Zeit den wirtschaftspolitisch denkenden Bewohnern der mitteleuropäischen Länder nahe legen, mehr auf die einigenden als auf die trennenden Momente zu sehen, mehr auf gemeinsame Vorkehrungen gegen gemeinsame Notstände zu achten, als kleine Augenblicksvorteile mit dauernd verbitternder und veruneinigender Rücksichtslosigkeit anzustreben.

Was am Endpunkte dieser Entwicklung steht, ist vorläufig noch dunkel. Es wäre ein müßiges Spiel der Phantasie, diese von den verschiedenartigsten weltpolitischen und weltwirtschaftlichen, wie innerpolitischen und lokalen Einflüssen bedingte entfernte Zukunft gegenwärtig konstruieren zu wollen. Die Begründer des Mitteleuropäischen Wirtschaftsvereins sind sich hierüber genau so im klaren, wie ihre Kritiker.

Die Völker Mitteleuropas, und insbesondere jene Deutschlands und Österreich-Ungarns, sind reif zu gemeinsamer Arbeit für gemeinsame Bedürfnisse. Es ist aber heute und wohl noch für längere Zeit hinaus fraglich, für wie viel gemeinsame Arbeit sie reif sind. So sind z. B. die internationalen Unionen auf dem Gebiete des Verkehrswesens (Post, Telegraphen, Eisenbahnen) durch besondere Abmachungen zwischen Deutschland und Österreich-Ungarn in wohltätiger Weise ergänzt. In dieser Beziehung kann aber noch viel mehr für das gemeinsame Interesse Österreich-Ungarns und Deutschlands geleistet werden; und es bedarf dazu eines ohne ängstliche offizielle Rücksichen und Bedenklichkeiten vorgehenden Verbandes beiderseitiger Staatsangehöriger, der den verantwortlichen Persönlichkeiten in amtlicher Stellung vorarbeitet, jene Bedürfnisse, welche international besser befriedigt werden als durch isolierte Regelung, feststellt und den Empfindlichkeiten hüben oder drüben von vorne herein durch offene Aussprache zu begegnen sucht.

Der Mangel derartiger vermittelnder Organe macht sich z. B. gegenwärtig für Deutschland und die Niederlande unangenehm fühlbar. In beiden Staaten streben Interessenten eine Vereinbarung behufs Ermäßigung des Briefportos (nach dem Muster der zwischen Österreich-Ungarn und Deutschland bestehenden Postkonvention) an. Aber die Regierungen zögern, weil sie fürchten, bei chauvinistischen Volksgenossen oder argwöhnischen Ausländern anzustoßen. Die Handelskammern beider Länder, die selbst offizielle oder halboffizielle Körperschaften bilden, sind in ihrem Tun und Lassen ebenfalls nicht ganz frei, eine freie private Vereinigung aber, welche die Agitation in beiden Ländern in die Hand nehmen könnte, fehlt.

Es ist dies ein Beispiel für viele, und im folgenden soll auf einige (keineswegs auf alle) Aufgaben hingewiesen werden, die eine freie Vereinigung zunächst deutscher, österreichischer, ungarischer, alsbald aber wohl noch anderer Staatsangehöriger zu erfüllen hätte.

Da sind vor allem die Verkehrsfragen, deren eine schon im ersterwähnten Beispiele behandelt wurde. Die endlosen Diskussionen über die Eisenbahnverbindungen zwischen Südbayern und Nordtirol erheischen eine von allen offiziellen Verhinderungen freie, unbefangene Untersuchung. Bei der Fertigstellung der in Österreich und Deutschland geplanten Kanalbauten wäre es für beide Länder von Vorteil, auch Stimmen aus dem anderen Lande anzuhören, z. B. bei der Entscheidung der Frage, ob der Moldau-Donaukanal über Linz oder Gmünd geführt werden soll. Auch die Frage der Ausdehnung des billigen 5 kg-Packetportos auf höhere Gewichte (mindestens 10 kg) im gemeinsamen Postverkehr wäre zu studieren. Die österreichischen und ungarischen Vereinsmitglieder könnten ihren deutschen Kollegen die mannigfachen Vorteile des Postsparkassenwesens darlegen und seine Fähigkeit, als Mittel eines großartigen, Umlaufsmittel sparenden, nationalen und internationalen Check- und Clearingverkehrs zu dienen, sowie seine besondere Brauchbarkeit für den Exporthandel im Anschlusse an die deutschen Postämter im Orient auseinandersetzen. Der Verein könnte seine Tätigkeit in den Dienst des mitteleuropäischen Fremdenverkehrs stellen.

Ein weiteres bedeutsames Tätigkeitsfeld für den Verein bildet die Statistik, insbesondere die Handelsstatistik. Es steht außer Zweifel, daß die Angaben der offiziellen Handelsstatistiken über Wert, Herkunfts- und Bestimmungsland der im internationalen Verkehre sich bewegenden Warenmassen widerspruchsvoll sind und viel zu wünschen übrig lassen. Selbst die Gewichtsmengen der ausgetauschten Waren sind kaum vergleichbar infolge der verschiedenartigen Registrierung des Veredlungs- und Durchfuhrverkehrs. Hier können nur Vereinbarungen über die Grundlagen der handelsstatistischen Aufnahmen Abhilfe bringen, d. h. über Aufstellung möglichst gleichmäßiger statistischer Warenverzeichnisse, über gleichartige Behandlung des Veredlungs- und Durchfuhrverkehrs usw. Hier ist ein reiches Feld für Studien und Agitationen des Vereines, und schließlich könnte er unter seinen Mitgliedern für eine gewissermaßen private Reform, nämlich für möglichst sorgfältige Angaben über den Bestimmungsort ihrer Versendungen wirken. Gleich der Handelsstatistik wäre auch die Produktionsstatistik in gemeinsam geregelter Tätigkeit zu pflegen.

Von größter Bedeutung wären Studien und Aktionen zum Zwecke gemeinsamer Beschaffung preiswerter Rohstoffe. Anpflanzungen gewisser italienischer, japanischer, mexikanischer und sonstiger überseeischer Gewächse, die als Rohstoffe für die Gerberei (Gerbstoffe) und Papierindustrie in Betracht kommen, könnten zuerst als Versuchsanlagen, sodann als produktive Pflanzungen im Süden Österreich-Ungarns und in sonstigen geeigneten Distrikten der mitteleuropäischen Länder vorgenommen werden. Österreichische Industrielle könnten veranlaßt werden, sich an den Anbauversuchen in den deutschen Kolonien (Baumwolle, Ramie, Kautschuk, Kakao etc.) zu beteiligen. Es wäre ein Modus ausfindig zu machen, einzelne Textilfabriken für die Vornahme von Versuchen mit gewissen, vorläufig schwer zu behandelnden Textilfasern zu entschädigen, wobei die Resultate dieser Versuche zum Besten der gesamten Textilindustrie bekannt gemacht werden sollen. Ein ähnliches Vorgehen behufs gemeinsamer Beschaffung von Erzen aus skandinavischen, spanischen, südosteuropäischen, russischen, überseeischen Fundorten könnte ins Auge gefaßt werden.

Vielleicht wäre auch eine gewisse Vereinheitlichung der völlig zusammenhanglosen, zum Teile auch rudimentären Auswanderungs-Politik der einzelnen Staaten Mitteleuropas anzustreben. Deutsch-Österreicher und Schweizer könnten z. B. den deutschen Siedlungen in Rio Grande do Sul und Deutsch-Südwestafrika zugeführt werden.

Zu den Aufgaben des Vereines gehören auch Bemühungen um möglichst erleichterten und gesicherten Rechtsschutz innerhalb Mitteleuropas, sowie um Ausgleichung handelsrechtlicher Spezialitäten (im Allgemeinen Handelsrecht, Wechselrecht, Checkrecht, Konkursrecht), deren Sonderexistenz den internationalen Handelsverkehr belästigt, ohne der betreffenden Volkswirtschaft einen reellen Nutzen zu bieten.

Jene Kritiker, welche dem Mitteleuropäischen Wirtschaftsverein allzu weitgreifende, ja geradezu utopische Ziele angesonnen haben, werden nunmehr vielleicht die Frage aufwerfen: „Kann denn durch alle diese kleineren Aktionen schließlich ein großes, der Anstrengungen so vieler ernster Männer würdiges Ziel erreicht werden?“ Hierauf wäre zu erwidern, daß die großen Momente, in denen engherzige Kleingeister nicht am Platze sind, von selbst kommen, ja vielleicht in Anbetracht des kritischen Zustandes der österreichisch-ungarischen Verhältnisse in größerer Nähe sind, als mancher vom „kleinen Geschlecht“ anzunehmen geneigt ist. Mit Rücksicht auf solche Eventualitäten wäre es von ungemein großem Werte, ein Zentrum wie den Mitteleuropäischen Wirtschaftsverein zu besitzen, in welchem wirtschaftliche und wirtschaftspolitische Probleme mit freiem Blicke und ohne Kleinlichkeit diskutiert und auch praktisch in Angriff genommen werden könnten. Die hierbei geübte Fähigkeit, einander mit Ruhe, Geduld und Vertrauen anzuhören und ohne Rücksicht auf die Grenzpfähle gemeinsam nach bestimmter Richtung hin zu arbeiten, wird den schwierigeren Aufgaben großer Momente sicherlich zugute kommen und ihnen in zahlreichen Details bereits in wertvoller Weise vorgearbeitet haben. Sowohl die kalt besonnenen Naturen, welche den Nutzen irgendeiner Aktion sofort irgendwie greifbar erblicken wollen, als auch die großzügig denkenden Persönlichkeiten, welche kleinen Erfolgen ohne bedeutende Perspektiven wenig Reiz abgewinnen können, werden demgemäß im Mitteleuropäischen Wirtschaftsvereine auf ihre Kosten kommen, die ersteren durch die Inangriffnahme der im vorliegenden Aufsatze erörterten, aber keineswegs erschöpften einzelnen Aufgaben des Vereines, die letzteren überdies noch durch die in der Tätigkeit des Vereines liegende Vorbereitung für die großen Eventualitäten.

# Eine Schweizer Stimme über den Plan eines mitteleuropäischen Wirtschaftsvereins.

Nach einem Bericht der „Neuen Zürcher Zeitung".

Einer Einladung des Kaufmännischen Vereins Zürich folgend, hielt Professor Julius Wolf, von zwölfjähriger Tätigkeit an der Universität Zürich mit den schweizerischen Verhältnissen wohl vertraut, am 11. März 1904 einen Vortrag: „Der Mitteleuropäische Wirtschaftsverein und die Schweiz". In den Vordergrund stellend, daß der in Deutschland gegründete Mitteleuropäische Wirtschaftsverein die Idee einer Zollunion ablehne, setzte der Vortragende die bei Entstehung des Mitteleuropäischen Wirtschaftsvereins in Deutschland maßgebend gewesenen Gesichtspunkte auseinander und ging dann zu einer Darlegung der Folgen über, welche der drohende Umschwung in der englischen Handelspolitik auf die Industrien Mitteleuropas, u. a. auch auf die der Schweiz üben müßte. Als einen der Gründe für den Wandel in der englischen Handelspolitik bezeichnete er, daß England bisher, trotzdem es selbst auf jeden Zoll verzichtete, vor Ländern des Schutzzolls, des Hochschutz- und selbst Prohibitivzolls, auf dritten Märkten, darunter jenen Mitteleuropas, keinerlei Vorzugsbehandlung genoß. Trotzdem England 0 Prozent Zoll erhob, Amerika und Rußland über 50 Prozent, wurden amerikanische und russische Waren auf den mitteleuropäischen Märkten genau so günstig behandelt wie englische. „Längst schon hätte sich der englische Kaufmannsgeist und nicht zuletzt der englische Nationalstolz auflehnen dürfen gegen diese mechanisch paritätische, aber materiell höcht ungerechte Behandlung." Das Prinzip der absoluten Meistbegünstigung, durch England den Staaten des europäischen Kontinents zugetragen, habe schließlich England selbst ins Hintertreffen gebracht. Auch andere Momente abgesehen von dem, England nicht zur Aufrichtung einer Schutzzollmauer zu drängen, sprächen dafür, mit der Meistbegünstigung eine gewisse Reciprocität zu kombinieren. Mit nach dieser Richtung wolle der neu gegründete Verein tätig sein.

Der Vortragende berührte noch die außerhalb der Handelspolitik liegenden Aufgaben des Mitteleuropäischen Wirtschaftsvereins und legte schließlich die Gründe dar, welche die Schweizer Interessenten veranlassen sollten, eine dem deutschen Verein parallel gehende Organisation zu schaffen.

An der Diskussion beteiligte sich u. A. Nationalrat Sulzer-Ziegler, der „Durchstecher" des Simplon. Derselbe führte aus:

In den letzten Wochen habe ich angefangen, mich mit der Frage des Mitteleuropäischen Wirtschaftsvereins zu beschäftigen.

Ich habe mir allerdings schon früher den Kopf darüber zerbrochen, was aus unserer schweizerischen Industrie in Zukunft werden solle, und ich gestehe, daß ich hierüber von den schwersten Sorgen erfüllt bin. Insbesondere seit meiner Tätigkeit in der eidgenössischen Zollkommission hat mich diese Sorge nie mehr verlassen. Ich habe mir nun Gedanken gemacht ähnlich denen, wie sie Professor Wolf äußerte. Prof. Wolf hat mir mit seinem Referat recht eigentlich aus der Seele gesprochen. In verschiedenen Punkten gehe ich völlig mit ihm einig. Gefreut hat mich, daß aus einem großen Lande, aus Deutschland, diese Ideen ins Volk geworfen worden sind. Zu meinem Erstaunen habe ich erfahren, daß man beim Vorort des schweizerischen Handels- und Industrievereins der Sache mit einer gewissen Kühle gegenübersteht, nicht weil man sich der Wünschbarkeit oder der Notwendigkeit verschlösse, in der angegebenen Richtung etwas zu tun, sondern weil man zu wenig Vertrauen hat. Man glaubt, daß die Schweiz als kleiner Staat unter den großen den kürzern ziehen könnte. Ich meine nun aber, man könnte ja doch einmal einen Versuch machen. Wenn dann die Geschichte eine Wendung nehmen sollte, wie man sie fürchtet, so kann man ja noch immer zurück. In diesem Sinne hoffe ich, daß auch in der Schweiz ein Kreis von Persönlichkeiten sich finden wird, um hier etwas zu tun.

Es ist so, wie Professor Wolf in seinem Referate ausgeführt hat: unsere Lage ist ernst. Der psychologische Moment ist da, in diese Sache hineinzugehen. Beim Zolltarif, der Gott sei Dank! vom Volke angenommen worden ist, haben wir den Zweck im Auge gehabt, einen Kampftarif zu schaffen, um die andern Staaten zu Verträgen geneigt zu machen. Es wäre verhängnisvoll, wenn dieser Zweck nicht erreicht würde und wenn die Zollschranken bleiben müßten, so daß hinter ihnen ein ganzer wirtschaftlicher Mikrokosmus sich aufrichten könnte. In diesem Falle liefen wir Gefahr, nicht mehr auf den vernünftigen Boden zurückkommen zu können. Wir haben es ja bereits erfahren, seitdem wir — vernünftigerweise! — angefangen haben, Zölle aufzustellen, haben sich verschiedene Industrien unter deren Schutz eingerichtet und beklagen sich nun bitter, sowie wir mit den Zöllen wieder herabzugehen Miene machen. Die Anregung des Mitteleuropäischen Wirtschaftsvereins ist nun auf den ersten Blick gerechtfertigt, wenn man bedenkt, daß industrieller Betrieb nichts anderes heißt als Spezialisierung, daß aber für die Spezialisierung ein großes Absatzgebiet die unbedingte Voraussetzung ist. Ein so kleines Land wie die Schweiz kann nur Industrie haben, wenn es den Export aufrecht zu erhalten vermag. Wenn es uns nicht gelingt, auf die Dauer Absatzgebiete für unsere Industrie zu finden, so geht die schweizerische Industrie nach und nach zugrunde, wie es zum Teil bereits geschehen ist. Hat doch die Druckereiindustrie fast gänzlich und die Färberei zum Teil ihre Existenz eingebüßt, unter enormen Kapitalverlusten für unser Land. Mit der Textilindustrie überhaupt sind wir dazu auf dem besten Wege.

Aus diesen Gründen sind die Bestrebungen, die in Gestalt des Mitteleuropäischen Wirtschaftsvereins auftreten, in der Schweiz sehr zu begrüßen.

Professor Wolf hat die Stellung Europas zu Amerika kurz gestreift. Das ist ein sehr wichtiger Punkt. Man hat bei uns im großen Publikum keine Ahnung von der wirtschaftlichen Entwicklung, die dort zutage tritt. Merwürdigerweise ist man bei uns auch über die wirtschaftliche Entwicklung unseres deutschen Nachbarstaates sehr wenig orientiert, eine Entwicklung, die doch das Großartigste in Europa darstellt, was man je gesehen hat. Amerika steht noch weit höher. Dort sehen wir ein kolossales Wirtschaftsgebiet und eine in unglaublicher Weise entwickelte Arbeitsteilung. Alles, was dort vorgeht, bildet für uns eine enorme Gefahr. Gegen jene gewaltige Organisation, die uns zu erdrücken droht, müssen wir uns stellen. Es wäre hoch zu begrüßen, wenn die Ideen Professor Wolfs in einer maßgebenden Persönlichkeit, etwa in der Person des deutschen Kaisers einen Förderer finden würden, wie es der Handelspolitik der vielgeschmähte Kaiser Napoleon III. in den sechziger Jahren gewesen ist. Wir leben heute in einer jämmerlichen Zersplitterung. Wir müssen alle Bestrebungen zur Einigung begrüßen.

Wir stehen noch immer im Zeitalter des Nationalgefühls. Überall gedeihen unter dem Schlagworte des Schutzes der nationalen Arbeit die herrlichsten Schutzzölle. Einst waren die Zölle für die Länder des europäischen Kontinents notwendig, um Industrien zu schaffen. Das war zur Zeit Friedrich Lists. Aber heute sind wir ja so weit, daß alle europäischen Länder Industrien haben. Daher ist es Zeit, die Anregungen, die uns im Mitteleuropäischen

Verein entgegentreten, anzunehmen. Diese Anregungen sind vernünftig und durchführbar.

Was England anbetrifft, so stimme ich mit Professor Wolf überein, daß dort die Sache so hat kommen müssen, wie sie nun kommt. Die Ungerechtigkeit, mit der die Meistbegünstigung bisher angewandt wurde, hat das verschuldet. England ist, trotzdem es seit fünfzig Jahren keine Schutzzölle erhob, von den andern Staaten nicht günstiger behandelt worden als Staaten mit Hochschutzzöllen. Man hat freilich bei uns wenig Verständnis für die Bedeutung der Chamberlainschen Tarifpolitik. Das geht z. B. daraus hervor, daß in der Zollkommission ein in Hinsicht auf England gestellter Antrag, wonach die Schweiz Länder, die sie ausnahmsweise günstig behandeln, auch ihrerseits ausnahmsweise günstig behandeln können, gar nicht diskutiert wurde. Englands Zollpolitik war für uns sehr günstig. Wir dürfen uns nicht verhehlen: es braucht nur noch einen englischen Zoll auf Seidenwaren und Stickereien, so läuft ein großer Teil unserer Industrie Gefahr, ruiniert zu werden.

Angesichts der Lage, in der wir in der Schweiz uns befinden, war ich in letzter Zeit erfüllt von der Richtigkeit der Ideen, die Professor Wolf in seinem Referate dargelegt hat und ich hege die Hoffnung, daß es gelingen werde, etwas Derartiges zu schaffen.

# Auszug aus dem Bericht über die konstituierende Versammlung des Mitteleuropäischen Wirtschaftsvereins.[1]

## Eröffnungsansprache des Freiherrn von Manteuffel.

M. H., in der Vorbesprechung, die gestern Nachmittag im Reichstage stattfand, hat man mich ersucht, heute zunächst das Präsidium zu übernehmen. Ich habe mich bereit erklärt, dies zu tun bis zu dem Moment, wo wir einen Präsidenten uns werden gegeben haben. Ich tue es aber selbstverständlich nur unter der Voraussetzung, daß ein Widerspruch gegen die gestern stattgehabte Abmachung nicht stattfindet. — Da ich einen Widerspruch nicht vernommen habe, halte ich mich legitimiert, nunmehr das Präsidium zu führen bis zu dem eben von mir angegebenen Zeitpunkte.

M. H., gestatten Sie, daß ich Sie zunächst begrüße, Sie alle, die Sie hierher gekommen sind, um Ihre Kräfte dem Verein, den wir heute ins Leben rufen wollen, zu widmen.

Es gilt heute, ein Kind aus der Taufe zu heben, von dem wir alle wünschen und hoffen, daß es kräftig wachsen, ersprießlich

---

[1]) Am 21. Januar 1904 wurde im Architektenhause zu Berlin die konstituierende Versammlung des Mitteleuropäischen Wirtschaftsvereins in Deutschland abgehalten.

Dieselbe wurde eröffnet und geleitet durch den Vizepräsidenten des preußischen Herrenhauses, Freiherrn von Manteuffel, über das Programm des Vereins sprach Professor Dr. Julius Wolf, und nach erfolgter Wahl zum Präsidenten des Vereins widmete Herzog Ernst Günther zu Schleswig-Holstein den Zielen des Vereins ein Schlußwort.

Im folgenden sind die drei Reden nach dem stenographischen Protokoll wiedergegeben.

gedeihen und sich entwickeln möge zu einer Tätigkeit, die zum Segen für unser geliebtes Vaterland ausschlägt. Wir alle, die wir hier versammelt sind, übernehmen damit die Verantwortung der Paten, und diese Verantwortung ist in diesem Falle keine ganz leichte und jedenfalls ernst genug zu nehmen; denn es wäre besser, man verhülfe dem Kinde gar nicht zum Leben, als daß der Fall einträte, daß sich das Kind nicht lebensfähig zeigte. Deshalb bitte ich Sie, daß Sie mit vollem Ernst an die Aufgabe herangehen, die uns daraus erwachsen wird, daß wir den Verein heute ins Leben rufen, eine Aufgabe, die ganz gewiß nicht leicht sein wird, die unsere volle Hingabe an die Sache erfordert — eine Hingabe, die zunächst von uns verlangt, daß wir persönliche Rücksicht hintanstellen und nur zum Wohle des Ganzen unsere Arbeit einsetzen. Zum Wohle des Ganzen! Das ist zunächst unser engeres Vaterland; aber wie der Verein gedacht ist, soll er sich ja ausgestalten auch über die Grenzen unseres Vaterlandes hinaus. Und auch dann werden wir arbeiten müssen mit voller Aufopferung unseres eigenen Ichs. Wir werden bestrebt sein müssen, für das gemeinsame Wohl und gemeinsame Beste zu wirken. Wir werden kräftig die Interessen des deutschen Vaterlandes vertreten; aber wir werden auch mit den uns befreundeten und verbündeten Nachbarn so zu arbeiten haben, daß daraus die Möglichkeit eines Zusammenlebens und ersprießlichen Zusammenarbeitens erwächst. Deshalb, m. H., richte ich die dringende Bitte an Sie: Gehen Sie mit vollem Ernst, mit vollem Fleiß und mit voller Opferfreudigkeit an das Werk heran, das zu begründen wir soeben im Begriff sind. Dann, glaube ich, wird es auch nicht an Gottes Segen fehlen.

## Referat von Prof. Dr. Julius Wolf.

Hochverehrte Herren!

Indem ich, der soeben an mich ergangenen Aufforderung folgend, Ihnen mein Referat zu erstatten mich anschicke, kommt über mich die Weihe des Augenblicks; jenes Augenblicks, in dem es mir vergönnt ist, nach mehrjähriger, teilweise harter und oft scheinbar aussichtsloser Arbeit Spitzen von Landwirtschaft, Industrie und Handel und vor allem auch führende Männer der Politik aus ganz

Deutschland zu dem Zwecke versammelt zu sehen, eine Gründung zu vollziehen, von der ich überzeugt bin, daß sie ihre Spuren hinterlassen wird in der Geschichte der deutschen Volkswirtschaft und der Volkwirtschaft unseres Weltteils.

Die Bestrebungen für Bildung eines mitteleuropäischen Wirtschaftsvereins gehen jetzt drei Jahre zurück. Sie nahmen ihren Ausgang unter anderem aus der Betrachtung der amerikanischen Dinge. Die wichtigste Ursache der Überlegenheit der amerikanischen Industrie ist die außerordentliche Größe des Absatzgebietes bei überdies fast vollständiger Uniformität des Konsums. Das amerikanische Volkseinkommen ist fast 2 ½ mal so groß wie das deutsche, und dementsprechend 2 ½ mal so groß und mehr als 2 ½ mal so groß ist der amerikanische Markt gegenüber dem deutschen. Größerer Absatz bedeutet aber niedrigere Produktionskosten, und wenn das Absatzgebiet auch noch geographisch ein ausgedehnteres ist und in seinen einzelnen Teilen unter verschiedenen klimatischen Bedingungen steht, bedeutet es, insofern die Ernte die Kaufkraft der Bevölkerung in erster Linie mitbestimmt, durch den möglichen Ausgleich der schlechteren Ernte hier durch eine bessere Ernte dort auch eine weitgehende Krisenversicherung. Das alles, m. H., und noch vieles andere bietet Amerika.

Für das Gebiet der mitteleuropäischen Staaten hat man seit langem das Absatzfeld auf andere Weise zu vergrößern versucht. Man erwog die Möglichkeit von Zollunionen. Ein halbes Jahrhundert lang und länger geht der Gedanke der Zollunion nun um; er hat sich aber nie als ausführbar erwiesen, trotzdem es Zeiten gab, wo ein Bismarck in Deutschland, ein Bruck in Österreich sich seiner annahm. Je näher man seiner Ausführung rückte, desto unausführbarer erwies sich der Plan. Da lag denn, m. H., die Aufgabe sozusagen in der Luft, eine Form zu suchen, welche die Vorteile der Zollunion gewährt, mindestens in wesentlichen Stücken sie gewährt, bei gleichzeitiger Vermeidung dessen, was die Zollunion anstößig und, wie die Verhältnisse liegen, doch wohl unausführbas macht. Dieser anderen Form das Leben zu geben, ist der mitteleuropäische Wirtschaftsverein berufen.

Die Größe und Leistungsfähigkeit Amerikas ist nicht nur durch die Größe des Absatzmarktes, welchen es bietet, sondern, wie ich vorhin schon erwähnte, auch durch die Einheitlichkeit des Konsums gegeben. Durch dieses beides erst werden ermöglicht: einmal Standardtypen, mit Verwendung dieser Typen über das ganze Land hin; zweitens Massenfabrikation; drittens die denkbar differenzierteste Arbeitsteilung; viertens die Verwendung von Spezialmaschinen bis in die kleinsten Hantierungen hinein. Nun, m. H., Typenkonventionen, eine Einigung der Industriellen einer Branche über Typen, die sie erzeugen und an denen sie längere Zeit festhalten wollen, sind keine Unmöglichkeit auch in europäischen Staaten: Einheitliche Typen statt einer unendlichen und in dieser Unendlichkeit sicher zwecklosen Mannigfaltigkeit, wie wir sie heute haben, und Aufteilung dieser Typen dann zwischen den verschiedenen Fabriken! „Typenkartelle", wie Organisationen dieser Art wohl zu nennen wären, sind eine Sache, die, wenn auch sicher nicht überall möglich, innerhalb vieler Industrien sich erwägen läßt. Einheitliche Typen und Beschränkung dann der einzelnen Fabriken auf eine Anzahl daraus bedeuten Herabsetzung der Produktionskosten; Herabsetzung der Produktionskosten ist aber Bedingung der Konkurrenzfähigkeit, und wo nicht besondere Verhältnisse herrschen, das große Ziel der wirtschaftlichen Entwickelung für Produzenten und Konsumenten. Auch für den Konsumenten! Denn jede Herabsetzung der Produktionskosten drückt sich zuletzt im Preise aus und wirkt infolgedessen sozial. — Ich spreche hier, m. H., bedingungslos, da die Zeit mir fehlt, Beschränkungen zu formulieren. Man wolle mir darum glauben, daß die Grenzen, innerhalb deren das eben gesagte gilt, mir nicht unbekannt sind. Aber weiter!

Wir haben heute eine angemessen zu nennende Arbeitsteilung schon im Innern der Staaten nicht, noch viel weniger aber z w i s c h e n den Staaten. Im Anschluß an Typenkonventionen, wie sie eben geschildert worden sind, ist die Anbahnung einer besseren Arbeitsteilung auch zwischen den Ländern möglich, wenn ihr Vereinbarungen der für sie hauptsächlich in Frage stehenden Gewerbszweige vorangegangen sind. Daß diese Arbeitsteilung in höherem Grade möglich ist, auch international, daß sie für jeden der Staaten

Vorteile mit sich bringt, Herabsetzung der Produktionskosten, Erhöhung der Konkurrenzfähigkeit und ganz speziell der Kampfesfähigkeit Amerika gegenüber, ist sicher. Hier, m. H., also zweifellos Aufgaben größeren Stils für den mitteleuropäischen Wirtschaftsverein, welcher Entwickelungen dieser Art, wo sie möglich sind, zu fördern hätte, das heißt: für einzelne Gebiete eine bessere Arbeitsteilung in und zwischen den Ländern, eine bessere Ergänzung infolgedessen zwischen Deutschland, Österreich-Ungarn und anderen europäischen Staaten zu Nutz und Frommen jedes einzelnen von ihnen!

Eine andere — ich gehe kursorisch vor, es ist mir selbstverständlich verwehrt, mich des längeren bei einem dieser Gedanken aufzuhalten — eine andere, der eben erwähnten benachbarte, Aufgabe liegt in der sich heute mehr als je als unvermeidlich aufdrängenden, wenn auch nicht radikalen, Reform des Meistbegünstigungsrechts. Es ist, m. H., sicher ein merkwürdiges Verhängnis, eine seltsame Ironie des Schicksals, daß jene Meistbegünstigung, welche England geschaffen hat, um dem Freihandel zum Durchbruch zu verhelfen, dieses England selbst jetzt darauf hinweist, den Weg zum Schutzzoll zurückzunehmen. Die Meistbegünstigung hat der Einführung von Schutzzöllen und ihrer Erhöhung außerhalb Englands nicht im geringsten zu wehren vermocht, vielmehr dazu geführt, daß England, das Land ohne Zölle, auf dritten Märkten nicht besser behandelt wurde als Länder mit Zöllen, und die letzteren ihre Zölle beliebig hoch stellen konnten. Wenn England jetzt das Meistbegünstigungsrecht beschneiden und selbst einen Schutzgürtel um das Mutterland legen möchte, um den inneren Markt auf diese Weise zu vergrößern, so ist das zu begreifen. Die prinzipielle Aufforderung aber, die in diesem seinem Vorgehen liegt und wodurch dann auch darauf hingewirkt werden kann, daß Englands Versuch ein maßvoller sei und bleibe, ist eine gewisse Reform des Meistbegünstigungsrechts. Dem Land mit 50% das Gleiche zu gewähren wie dem Land ohne Zölle, das uns sozusagen seine Brust offen darbietet, ist politisch und wirtschaftspolitisch verfehlt und überdies ungerecht. Eine Verknüpfung der Idee der Meistbegünstigung mit der Idee der Reziprozität wird darum erwägenswert. Ich sage nicht mehr als „erwägenswert“: das heißt die Frage verdient eine Prüfung. Einer Lösung zugänglich ist sie aber jedenfalls nur im internationalen Einvernehmen. Eine solche internationale Vereinbarung über eine Stellungnahme zur Meistbegünstigungs- und Reziprozitätsfrage würde dann vermutlich dazu führen, daß Amerika den Zeitpunkt, wo es seinen Tarif einer Revision im Sinne freihändlerischer Tendenzen unterzieht, früher gekommen fühlt, als es sonst der Fall sein dürfte, daß Rußland, die andere Hochburg des Hochschutzzolles, sich darauf besinnt, daß seine Industriepolitik zum Teil eine Veilletät ist, welche die ungeheuren, für sie gebrachten Opter entfernt nicht lohnt. Die Revision des Meistbegünstigungsrechts im Sinne einer Verknüpfung mit der Reziprozität würde endlich dazu führen, daß viele andere Länder statt in der Richtung der Hinaufsetzung der Zölle immer weiter zu gehen, ihre Herabsetzung ins Auge fassen. Sie würde also das leisten, was die Meistbegünstigung nicht geleistet hat.

Ich wiederhole: Typenkonventionen, wo solche möglich, Anbahnung einer besseren Arbeitsteilung im Innern der Staaten und zwischen denselben, Erweiterung damit des Marktes, des inneren Marktes wie des äußeren für jede Type und jede Spezialität, Herabsetzung der Produktionskosten, erhöhte Konkurrenzfähigkeit, Gewinn für Produzenten wie Konsumenten, weiter Weckung des Verständnisses für ein Meistbegünstigungsrecht, das uns das leistet, was das bisherige nicht geleistet hat, das, m. H., sind Aufgaben, sicher des Schweißes der Besten wert! Ich verkenne dabei nicht, daß alle diese Fragen des eindringlichsten Studiums und der vorsichtigsten Behandlung bedürfen. An Vorsicht wird es nicht fehlen. Das eine ist mir aber sicher, daß sie uns auf den Weg hinweisen, auf dem etwas, meiner Überzeugung nach vieles zu erzielen ist. Vieles des Wirksamsten für die Hebung der Leistungsfähigkeit unserer Volkswirtschaften ohne Beeinträchtigung irgend eines wesentlichen Interesses.

Mit diesen Aufgaben sind aber die dem mitteleuropäischen Wirtschaftsverein gestellten noch entfernt nicht erschöpft. Vor allem eine, nicht die geringste, sondern eine der größten und erhebendsten! Eine Zollunion ist, wie die Dinge heute liegen, nach Aussage aller Fachleute zwischen Deutschland, Österreich-Ungarn und anderen Staaten nicht möglich. Was aber möglich ist, neben dem schon Gesagten, und worauf besonderes Gewicht zu legen ist, das sind „handelspolitische Allianzen" zwischen Staaten, welche verwandte wirtschaftspolitische Interessen haben. Man fasse nur eine handelspolitische Allianz zwischen Deutschland und Österreich-Ungarn ins Auge. Was würde sie bedeuten? Daß statt eines Wirtschaftsgebietes von 57 Millionen, wie es Deutschland ist, oder von 47 Millionen, wie es Österreich-Ungarn ist, ein Wirtschaftsgebiet von 57 plus 47 gleich 104 Millionen mit dritten Staaten unterhandelt! Das ist, m. H., doch schon wieder eine ganz andere wirtschaftliche Potenz als einer von den zwei Staaten allein! Und träten noch einige Staaten hinzu, so kann eine solche Allianz ad hoc oder für längere Zeit ein wirtschaftliches Schwergewicht darstellen, gegen das eine andere einzelne Macht überhaupt kaum mehr aufzukommen vermag.

Den Gedanken solcher wirtschaftspolitischer Allianzen einander politisch nahestehender Staaten zu wecken, zu pflegen, diesen Gedanken auszubauen, ist eine weitere und in ihrer Bedeutung, wie ich glaube, gar nicht hoch genug einzuschätzende Aufgabe des Mitteleuropäischen Wirtschaftsvereins.

Und nun, m. H., neben diesen Aufgaben großen Kalibers, welche ich allerdings nur kursorisch behandeln konnte, die Legion kleinerer, von denen aber doch jede fast für sich schon einer Organisation zu schaffen geben könnte! Ich hebe nur einige hervor aus dem Aufgabenverzeichnis, das ihnen allen zugegangen ist unter dem Titel „Erläuterungen zum Aufruf". Die acht Themen mögen angeschlagen werden, deren Titel lauten: Überflüssige Zollformalitäten und Zollschikanen — Fehlen der neutralen Instanz bei Zollstreitigkeiten — Grenzdienst des einen Staates bis zu gewissem Grade auch für den anderen — einheitliche Handelsstatistik — internationale Rechtshilfe — Vereinheitlichung wichtiger Stücke des Handelsrechts und anderer wirtschaftlicher Rechtsgebiete — internationale Abrechnung — Fühlungnahme der Berufsgenossen über die Grenzen hinweg bei Gegenständen gemeinsamen Interesses.

Die Technik der Zollabfertigung gehört größtenteils einem heute überwundenen Zeitalter an; vielleicht nichts ist in unserer Steuertechnik so antiquiert wie sie. Die Klagen des Ex- und Importeurs ertönen seit Jahren und Jahrzehnten von uns zum Nachbar und vom Nachbar zu uns; sie sind niemals verhallt und niemals haben sie die ihnen gebührende Beachtung gefunden. Es ist, als ob eine dicke Staub- und Schuttschicht auf allem lagerte, was mit diesen Dingen zusammenhängt. Eine kaufmännische, von Bureaukratismus freie Handhabung ist den am Ex- und Import beteiligten Berufskreisen ein Bedürfnis, wie dem Fisch das Wasser. Sie anbahnen zu helfen, ist eine der kleineren Aufgaben des Mitteleuropäischen Wirtschaftsvereins.

Ad vocem Zollschiedsgerichte! Der Zentralverband deutscher Industrieller veröffentlichte kürzlich das Ergebnis einer bei seinen Mitgliedern veranstalteten Erhebung über die Zollgesetze des Auslandes. Man las in dem Bericht: „Die Schwierigkeiten, welche durch eine einseitige autonome Auslegung von vertragsmäßig gebundenen Zollsätzen geschaffen werden, sind bekannt. Diese Schwierigkeiten bestehen nicht nur in vielfach offenbar ungerechtfertigten Zollstrafen, sondern besonders in der Verzögerung der Abfertigung der Waren“. Uni sono wird darum von allen Berichterstattern die Wichtigkeit einer Neuordnung anerkannt, gleichzeitig aber berichtet, diplomatische Verhandlungen aus Anlaß einzelner Fälle hätten sich im allgemeinen als fruchtlos erwiesen; einzig ein internationales Schiedsgericht vermöchte hier Abhilfe zu schaffen und geordnete Zustände anzubahnen.

Ich gehe weiter! Ein neues Thema: ein einheitliches Schema für die Handelsstatistik, ausgehend eventuell von einem teilweise einheitlichen Schema für die Zolltarife. Auch das ist als eine Notwendigkeit unserer Zeit schon wiederholt bezeichnet worden. Nach den Ziffern der Handelsstatistik, welche uns geliefert werden, wird Erfolg und Mißerfolg der Handelspolitik beurteilt. Diese Ziffern der Handelsstatistik entscheiden darum mit über die Handelspolitik der Länder. Wie unsicher aber die Ziffern der Handelsstatistik, trotz der Bedeutung, die ihnen zukommt, sind, dafür gibt es die allerdrastischsten Belege. Sie sind es offenbar mit darum, weil Einheitlichkeit, auch so weit sie möglich, von Land zu Land nicht besteht, und weil nicht ein Land für das andere arbeitet, trotzdem die Erhebungen über die Ausfuhr des einen gleichzeitig Erhebungen über die Einfuhr des anderen sind, beide sich also ergänzen und diese beiden zu gegenseitiger Kontrolle, gegenseitiger Ausgleichung, als zwei Hälften sozusagen eines Ganzen von vornherein berufen sind, ohne in diesem Sinne je benutzt zu werden; wie denn auch — um auf das Nächste kurzerhand überzugehen — der Grenzkordon des einen Landes den des anderen wirksamst zu vervollständigen vermöchte. — Auch hier also Aufgaben, die im wesentlichen noch zu leisten sind.

Was die gegenseitige Rechtshilfe betrifft, so sind ihr im Verhältnis von Land zu Land sicher Schranken gezogen. Die Vollstreckbarkeit von in dem einen Lande gefällten Urteilen in dem anderen wird angesichts der verschiedenen Rechtszustände nur beschränkt zu gewähren sein. Aber für die Urteile der höchsten Gerichte, und bei den unteren Instanzen mindestens bis zu gewissen Beträgen, vielleicht auch in anderer Abgrenzung, ist diese gegenseitige Rechtshilfe für eine Anzahl Länder zu beanspruchen, und wäre für die Beteiligten eine gar nicht hoch genug einzuschätzende Wohltat. Bisher hat Deutschland überhaupt noch keinen Rechtshilfevertrag, auch nicht einen solchen mit Österreich. Ein Entwurf hierfür ist vor einigen Jahren ausgearbeitet, aber nicht erledigt worden. Belgien und Frankreich haben 1902 ein Abkommen dieser Art geschlossen, von welchem gesagt wird, daß es ein Vorbild sei würdig des Beifalls und der Nachahmung.

Dann die Ausgleichung handelsrechtlicher Besonderheiten im allgemeinen Handelsrecht, im Wechselrecht, im Scheckrecht, im Konkursrecht, — d. h. die Wegräumung von Spezialitäten, deren Existenz den internationalen Handelsverkehr belästigt, ohne als solche Sonderexistenz für die Volkswirtschaft und die sonstigen Interessen der Länder von irgend welchem Wert oder Nutzen zu sein. Wie überaus bedeutsam wäre nur eine einheitliche Regelung des Konkursrechts der verschiedenen Staaten! Das Vorgehen der Schweiz, welche, nach vieljährigen Bemühungen allerdings, zwei Dutzend kantonale Konkursgesetze durch ein einheitliches

Schuldbetreibungsgesetz ersetzt hat, zeigt, daß bei gutem Willen auch auf diesem Gebiete, trotz mancher entgegenstehender Hindernisse, Arbeiten zu übereinstimmender Regelung mit Aussicht auf Erfolg unternommen werden können.

Bisher besteht eine materielle, d. h. über das Formale hinausgehende Rechtsgemeinschaft nur auf dem Gebiete des Eisenbahnfrachtrechts; und doch ist der Kreis, in welchem Rechtsgemeinschaften zum Besten der beteiligten Länder sich ermöglichen lassen, ein überaus großer. Ich erwähne von internationalen Bedürfnissen auf diesem Felde neben den schon genannten Materien das Binnenschiffahrtsrecht, das Seeversicherungsrecht, das Recht der Küstenschiffahrt, — Rechtsgebiete die in unserer Zeit der Wasserstraßenpolitik und des steigenden Wasserstraßen- wie Seeverkehr mehr als je auf Berücksichtigung drängen.

Wieder auf ein benachbartes Gebiet übergehend, liegt es nur zu nahe, daß der Verein sich mit der Ausarbeitung von internationalen Vertragstypen und Vertragsmustern für den Geschäftsverkehr der Angehörigen der verschiedenen Länder befaßt, in welchen die regelmäßig zu berücksichtigenden Rechte und Pflichten festgestellt werden. Und hier schließt sich wieder an die Möglichkeit und Dringlichkeit der Schaffung internationaler Rechtsbureaus mindestens als Rechtsauskunftsstellen.

Aber ich glaube, m. H., trotzdem ich noch mancherlei zu sagen hätte, bald genug getan zu haben in dem Nachweis, daß der Verein ein Arbeitspensum vorfindet, welches ihn wohl befriedigen kann.

Mit der Auseinandersetzung der wichtigeren von den Aufgaben des Mitteleuropäischen Wirtschaftsvereins wäre ich damit zu Ende. Mit der Geschichte der Gründung, die die Frucht mehrjähriger und mühsamer, aber von dem vollen Glauben an den Wert und den auch idealen Gehalt unserer Sache getragener und darum unverzagter Arbeit ist, brauche ich Sie, glaube ich, nicht zu behelligen. Aber von Bedeutung ist, daß die Zeit unserer Absicht günstig genannt werden kann und unsere Zeit ihr günstiger ist, als eine Zeit vordem.

In England und Amerika werden die handelspolitischen Fragen neu aufgerollt, manches weist darauf hin, daß wir an einem Wendepunkt der internationalen Handelspolitik stehen, wo die Lose wieder für ein halbes Jahrhundert geworfen werden. In Holland und Belgien, in den drei skandinavischen Staaten werden Pläne, welche den unseren verwandt sind, erwogen.

Was dann, m. H., die Aufnahme unserer Gründung in Deutschland selbst betrifft, so darf gesagt werden, daß ihr aus den verschiedensten politischen Lagern Zustimmung geworden ist. Wir quittieren das mit Dank. Daß dieser Gründung reiches Verständnis und Unterstützung auch aus jenem Lager zu teil wurde, dessen Parteirichtung in unserem Initiativkomitee nicht oder nur mangelhaft vertreten schien, verdient besonders bemerkt zu werden. Es ist ein Zeichen weitgehendster Loyalität. Wie wenig wir an diesen Parteien aber vorbeizugehen gedachten, wie aufrichtig unsere Versicherung ist, allen Parteien, die auf dem Boden positiver Arbeit stehen, gerecht werden zu wollen, wird nicht nur aus den Vorschlägen hervorgehen, die ihnen heute für die Zusammensetzung des Ausschusses gemacht werden, sondern dafür liegt wieder eine Anzahl dokumentarischer Zeugnisse vor.

Einer jener Männer, der die Absichten und die Bildung des Mitteleuropäischen Wirtschaftsvereins aufs wärmste begrüßte und ihm die Bereitwilligkeit des Patrioten sowohl, wie das Verständnis des Kaufmanns von großem Zuschnitt entgegenbrachte, ist Georg v. Siemens gewesen, der nicht lange vor seinem Tode — ich erwähne das u. a. auch um darzutun, daß allen Parteien ihr Recht widerfahren ist — in einem Briefe, den er über den Gegenstand schrieb, folgendes sagte: „Ich entspreche mit großem Vergnügen der an mich ergangenen ehrenvollen Aufforderung, betreffend den Verein zur Förderung der gemeinsamen wirtschaftlichen Interessen der mitteleuropäischen Staaten. Aus den Namen, welche Sie mir schrieben — es sind darunter Bekannte aus aller Herren Länder — ersehe ich, daß recht verschiedene Interessen zusammengeschweißt werden sollen. Aber der Gedanke ist wertvoll genug, um aus dem Gebiet der Literatur einmal herausgehoben zu werden“. Zuletzt meinte Siemens sogar, einigermaßen optimistisch vielleicht: „Ich hoffe, daß ich die jetzt mit mir zusammengehende Gruppe von Industriellen und Kaufleuten für die Frage werde interessieren können“.

Ein Wahlverwandter von Siemens ist Schäffle gewesen, der leider uns kürzlich durch den Tod Entrissene, der infolgedessen nicht mehr, wie er gerne gewollt hätte, in unserem Kreise weilen kann. Er ließ sich 1901 wie folgt über die ihm vorgelegte Frage vernehmen: „Selbstverständlich werde ich einer Sache, für welche ich vor 20 Jahren in schweren handelspolitischen Kämpfen mit meinem Herzblut geschrieben, am Schlusse meines Lebens nicht untreu sein oder kalt mich ihr gegenüberstellen".

Auf der entgegengesetzten politischen Seite verdienen Äußerungen berichtet zu werden, wie die des Fürsten Herbert Bismarck, des treuen Hüters des väterlichen Vermächtnisses — Äußerungen, welche besagen, daß in Bestrebungen wie den hier propagierten geradezu das Heil unseres Weltteils liegt: „Den Gedanken eines mitteleuropäischen Zollbundes — mitteleuropäische Zollallianzen sind gemeint — halte ich für so gesund, daß ich an seiner einstmaligen Realisierung nicht zweifle. Sollte ich mich darin täuschen, so sieht es mit der wirtschaftlichen Zukunft unseres alten Kontinentes schlecht aus."

Besonders wertvoll sodann — außer vielen anderen Würdigungen, die aber in größerer Anzahl hier anzuführen überflüssig ist — die gleichlautenden Sympathieerklärungen der zwei Männer, die auf der höchsten Warte des Wirtschaftslebens in Deutschland und Österreich-Ungarn stehend, mehr als andere unsere Bestrebungen zu beurteilen berufen sind, des Präsidenten unserer Reichsbank und des Gouverneurs der Österreichisch-Ungarischen Bank. Herr von Bilinski, der Gouverneur der Österreichisch-Ungarischen Bank schrieb mir vor längerer Zeit, daß er die Aktion, um die es sich hier handelt, mit den lebhaftesten Sympathien begrüße. Herr Dr. Koch ließ sich vernehmen, das in den 6 Nummern entwickelte Programm scheine ihm sehr beifallswürdig zu sein.

Ähnlich haben der preußische, der österreichische, der ungarische Handelsminister mit dem Ausdruck ihres Interesses und ihrer Sympathie nicht zurückgehalten. Der ungarische Handelsminister war bis zur Schaffung des neuen Ministeriums in Ungarn einer der unserigen als Mitglied des Komitees, desgleichen der gegenwärtige ungarische Ministerpräsident Graf Stephan Tisza. Wie der gegenwärtige Minister des Äußern im Nachbarreich sich zu unseren Bestrebungen stellt, haben die historisch gewordenen Erklärungen des Grafen Goluchowski vom 20. November 1897 deutlich ausgewiesen.

Aus dem weiteren Ausland, und zwar zunächst aus dem uns verbündeten Italien, seien genannt Luzzatti, der gegenwärtige Schatzminister des Königreichs, die Deputierten Demartinis, Colajanni als Träger verwandter Gedanken. Aus Dänemark schrieb mir der Finanzminister des letzten konservativen Kabinetts — der Brief trägt das Datum des 30. Dezember 1903 — Prof. Scharling, Folgendes: „Nachdem ich jetzt das Material durchstudiert habe, kann ich nur sagen, daß ich den Gedanken ihres Planes beistimmen muß. Es sind eben dieselben Bestrebungen, die die drei skandinavischen Staaten in den letzten 40 Jahren verfolgt haben. Schon 1861 erklärten zwei schwedisch-dänische Gesetze dänische Urteile der Zivilgerichte in Schweden exigibel und vice versa. 1873 bis 1875 erhielten die drei Länder ein gemeinsames Münzwesen. 1880 wurde in allem wesentlichen Gemeinschaft erzielt in betreff der Wechselgesetze, 1889 der Firmengesetzgebung, 1892 des Seerechts, 1897 der Scheckgesetze. Im Augenblick — heißt es zum Schluß des Briefes — arbeitet eine skandinavische Kommission, aus Mitgliedern aller drei Länder bestehend, an dem Zustandekommen eines gemeinsamen Zivilgesetzbuches. Hingegen sind die früheren Bestrebungen, eine Zollunion zwischen den skandinavischen Staaten zuwege zu bringen, gänzlich zurückgetreten; die Interessen scheinen auf diesem Gebiete so verschiedenartig und die bestehenden Tarife selbst so verschieden, daß eine Zollunion kaum möglich erscheint".

Selbst die Franzosen stehen in der Wertung der Entwürfe, zu deren Beurteilung Sie, m. H., hierher gekommen sind, nicht zurück. Im Augenblick, wo diese konstituierende Versammlung abgehalten wird, ruft ein französischer Volkswirt von Rang, L. Bosc, wie sein mir vor zwei Tagen zugekommenes Buch „Unions douanières" ausweist, seine Landsleute auf, sich mit den Bestrebungen des mitteleuropäischen Wirtschaftsvereins, die er aus früheren Publikationen kennen gelernt hat, zu vereinigen. Von unserem Programm glaubt dieser Franzose sagen zu können: Man findet darin wohl nicht die großen Worte, wie sie in den Empfehlungen der Zollunionspläne häufig wiederkehrten, vielmehr eine Mäßigung von gutem Kaliber, „de bon aloi“. Aber eben darum meint er, daß diese Pläne überaus viel erwägenswerter wären, als die früher in der Wissenschaft und Politik vertretenen. Der Appell an seine Landsleute, sich unserer Bewegung anzuschließen, ist das Endergebnis seines Buches. Er erfolgt ganz besonders auch mit Rücksicht darauf, daß der Plan keinerlei Antastung der politischen oder wirtschaftlichen Selbständigkeit Frankreichs in sich schließt.

In der Tat, m. H., das glaube ich beanspruchen zu können für den Verein und für die der Konstituierung vorangegangenen Vorlagen: maßvoll zu sein und nach jeder Richtung hin immer erwogen zu haben das Mögliche. Stets werden wir auch weiter, wie zwischen den Ländern, so auch in den Staaten, so vor allem auch in unserem Vaterlande, das Einigende suchen und nicht das Trennende. Es gibt zweifellos — das kann niemand verkennen — vielerlei, was allen Parteien gemeinsam ist, die überhaupt auf dem Boden positiver Arbeit stehen. Dieses Gemeinsame wird in erster Linie unser Arbeitspensum bilden. Es wurde uns vorgeworfen, daß wir schon in der Zusammensetzung unseres vorbereitenden Ausschusses zu allseitig gewesen seien. Kein Vorwurf wird von uns lieber aufgenommen und getragen, wie dieser; wir bitten förmlich darum.

So wendet der Verein sich an Sie alle, welcher Partei oder Parteischattierung Sie auch angehören mögen! Wir wollen kein Tendenzverein sein. Unsere Aufgaben sind solche, daß sie jedem in wirtschaftlichen Dingen urteilsfähigen Mann am Herzen liegen müssen. Daß Sie, m. H., uns diese Auffassung bereits entgegenbringen, zeigt Ihre Anwesenheit. Man hat mir oft gesagt und geschrieben: Dem deutschen Industriellen, dem deutschen Kaufmann, dem deutschen Landwirt fehle der gewisse Idealismus, der der notwendige Kitt sei für einen Verein wie den unseren, trotz aller Nüchternheit seiner Ziele. Sie, m. H., sind ein lebendiges Zeugnis dagegen. Es wurde weiter gesagt: die Gefahren, die uns bedrohen, seien noch nicht nahe genug, sie müßtem dem deutschen Kaufmann und Industriellen auf die Nägel brennen, um ihn aufzurütteln zu rettender Tat. Nun, diese Gefahren brennen uns heute noch nicht auf die Nägel. Daß Sie, m. H., aber gekommen sind, das zeigt, daß Sie mit der Begeisterungsfähigkeit, ohne welche eigentlich kein Leben wert wäre, gelebt zu werden, wirtschaftliches Urteil verbinden. Sie fühlen den Pulsschlag der Zeit, einer großen Zeit; denn groß ist die Zeit, die große Aufgaben stellt.

Ich glaube, Ihnen danach danken zu dürfen, daß Sie hierher gekommen sind, und lassen Sie mich, m. H., im Namen des Initiativkomitees die Hoffnung daran knüpfen, daß Sie nicht nur als warme und treue Freunde der Sache, von welcher Ihnen hier gesprochen wurde, von hier gehen, sondern als ihre Anwälte, als ihre Fürsprecher, als ihre Pioniere überall im Lande!

## Ansprache des Herzogs Ernst Günther zu Schleswig-Holstein bei Übernahme des Präsidiums.

Auf Wunsch übernehme ich das Präsidium und möchte zunächst meinen Dank dafür aussprechen, daß die Herren mir ihr Vertrauen entgegengebracht haben.

Ich möchte die Worte des Herrn von Manteuffel wiederholen, die er vorhin gesagt hat, daß jeder einzelne von uns sich in den Dienst der Öffentlichkeit und der gemeinsamen Sache, die wir erwählt haben, stellen wird. Ich persönlich möchte Ihnen hierdurch das Versprechen geben, daß ich, was meine Person betrifft, in jeder Beziehung und soweit meine Kräfte reichen, mich dieser Aufgabe zu widmen hoffe.

M. H., es ist ja von Herrn Professor Wolf ausführlich über unsere Ziele gesprochen worden. Es ist kein Zweifel, daß die einzelnen und namentlich die uns befreundeten Staaten gemeinsame Interessen mit uns haben und daß eine Abwehr gegen die Überschwemmung derjenigen Produkte aus überseeischen Staaten, die unter günstigeren Verhältnissen als wir arbeiten, möglich ist. Ich erinnere Sie an das oft genug gewählte Beispiel des Bündels von Pfeilen, wo einer wohl zu knicken ist, die aber, wenn sie gemeinsam zusammengefaßt werden, auch dem stärksten Manne standhalten. Unsere Konkurrenten sind auf manchen Gebieten außerordentlich stark. Die einzelnen Staaten erinnern zwar nicht, was Deutschland und Österreich-Ungarn betrifft, an die einzelnen Pfeile, denn auch einzeln würde es schwer sein, sie zu knicken, es ist aber kein Zweifel, daß, wenn die einzelnen Staaten zusammenstehen und ihre gemeinsamen Interessen nach außen vertreten, sie eine Macht repräsentieren, die auch dem Auslande, den überseeischen Staaten zu trotzen imstande ist.

M. H., die Unkenntnis der einschlägigen Verhältnisse in anderen Staaten ist doch in weiten Kreisen eine große. Die meisten von uns wissen ja wahrscheinlich aus Erfahrung, auf wie merkwürdige Urteile man manchmal im Auslande stößt, wenn man über einheimische Verhältnisse spricht. Ich verspreche mir vor allen Dingen von unserer Vereinigung auch das eine Gute, daß wir häufig in Berührung kommen mit maßgebenden Persönlichkeiten, mit Sachkennern aus anderen Ländern, daß wir durch den Austausch persönlicher Ansichten und Meinungen unsere Ziele erreichen, die vielleicht nicht in besonderem Maße in der Öffentlichkeit hervortreten, die sich aber beim Abschluß von Handelsverträgen und sonst in öffentlichen Verhältnissen in erster Linie geltend machen werden. Sollte der Verein, was ich nicht befürchte, diese Ziele nicht erreichen, sollte er bloß dazu führen, daß eine Brücke geschaffen würde, wo Industrie, Handel und Landwirtschaft ihre gemeinsame Grundlage immer wieder finden, so glaube ich, würden wir in keiner Weise umsonst zusammengekommen sein. Und würde der Zweck, der dem Verein vorschwebt, auch nicht im Großen erreicht werden, sondern würde dieser eine Zweck nur im Inlande erreicht, so wäre auch dies schon ein Großes und wir könnten mit Stolz auf den Tag zurücksehen, an dem wir zur Gründung des Vereins zusammengekommen sind. In diesem Sinne, m. H., begrüße ich Sie und fordere Sie zur gemeinsamen Arbeit auf.

# Ein Diskussionsabend in Österreich über die Frage des wirtschaftlichen Zusammenschlusses der mitteleuropäischen Staaten.

Nach einem Bericht der „Neuen Freien Presse" und der „Industrie".

Die k. k. niederöst. Landwirtschaftsgesellschaft veranstaltete am 19. Mai 1903 im Vereine mit dem Zentralverbande der Industriellen einen Diskussionsabend über die Frage des wirtschaftlichen Zusammenschlusses der mitteleuropäischen Staaten, welcher durch ein Referat von Prof. Dr. Julius Wolf aus Breslau eingeleitet wurde. Die Beteiligung aus allen interessierten Kreisen war eine überaus zahlreiche.

Die Versammlung nahm folgenden Verlauf:

Fürst Auersperg, Vizepräsident des Herrenhauses, begrüßt die Versammlung und gibt seiner Freude darüber Ausdruck, daß sich Landwirte und Industrielle zu einer gemeinsamen Beratung zusammengefunden haben, trotzdem viele Wünsche der Landwirte denen der Industrie entgegengesetzt seien. Daß Landwirte und Industrielle trotzdem freundschaftlich zusammengekommen sind, läßt hoffen, daß ein goldener Mittelweg sich finden wird, wie überhaupt im politischen und wirtschaftlichen Leben Kompromisse geschlossen werden müssen.

Hierauf erstattet Prof. Wolf sein Referat. Er verweist auf das Anwachsen der amerikanischen Konkurrenz, geht auf die Ursachen ein, welche diesen Aufschwung der amerikanischen Industrie hervorgebracht haben und sieht dieselben u. a. in der Möglichkeit des Absatzes gleichförmig erzeugter Waren auf einem ungeheuren Gebiet, in der „Spezifikation". Er kritisiert die Form, in welcher heute die Meistbegünstigung geübt werde und weist darauf hin, daß hier Änderungen eintreten müßten; daß aber solches nur möglich sei, wenn eine Anzahl Staaten sich die Hand dazu reichen.

In der Diskussion ergreift Hofrat Dr. Hallwich, Vizepräsident des Zentralverbands österreichischer Industrieller, das Wort und führt aus: M. H. Betrachten Sie es nicht als Unbescheidenheit, wenn ich so frei bin, mit einigen kurzen Bemerkungen die Debatte einzuleiten; es geschieht in höherem Auftrag. Eine Fülle von Material und von Anregungen aller Art hat unser verehrter Gast geboten, die auch nur um ein Atom vermehren zu wollen, mir gänzlich ferne liegt. Ich möchte mir nur erlauben, was er im großen Stil und vom Gesichtspunkte der Weltwirtschaft in so fesselnder Weise dargelegt, in wenigen Worten gewissermaßen zu konkretisieren, um davon womöglich auf unsere bescheidenen und — ich muß leider hinzufügen — durchaus nicht erbaulichen Verhältnisse eine Nutzanwendung zu suchen. Dabei bin ich mir wohl bewußt, absolut nichts Neues, vielmehr nur Ihnen Allbekanntes zu bringen. Das Selbstverständliche muß bei uns in Österreich immer und immer wieder gesagt werden, um endlich Gehör zu finden. (Zustimmung.)

Wer sich durch lange Jahre mit Handelspolitik befaßt und im Laufe dieser Zeit die unerläßliche Notwendigkeit von Handelsverträgen erkannt hat, wie das bei mir der Fall ist — Sie sehen, ich spreche ganz offen — der muß gestehen, daß der Weg, den die mitteleuropäischen Staaten —, und wahrlich nicht sie allein — derzeit wandeln, dem Anschein nach nicht zu Verträgen führt, nicht zusammen-, sondern vielmehr auseinanderführt, nicht zum Frieden sondern zum Kriege (Sehr richtig!), zum Kriege Aller gegen Alle, und nicht nur der Staaten untereinander, sondern auch, was das Bedauerlichste an der Sache, der verschiedenen Produzentengruppen innerhalb dieser Staaten gegeneinander.

Verstehen Sie mich nicht falsch! Ich bin nicht einer der Sänger des Hohen Liedes vom alleinseligmachenden Freihandel. Der erste Blick ins leibhaftige Leben unserer praktischen Volkswirtschaft hat mich belehrt, und die leidige Erfahrung eines ganzen Menschenalters hat diese Erkenntnis nur mehr und mehr in mir gefestigt: wie hochentwickelt auch einige Produktionszweige unserer Landwirtschaft und Industrie sein mögen, wir können für andere unter ihnen der Schutzzölle nicht entraten. (Beifall.) Einzelne Zweige sind ohne Zollschutz unrettbar dem Niedergange oder, was unter den heutigen Bedingungen der Weltwirtschaft genau dasselbe, dem Untergange verfallen. Das können und dürfen wir aber nicht dulden, nicht ruhig mit ansehen. Sie stehen nicht allein und haben darum ein gutes Recht auf unsere Mithilfe. (Bravo! Bravo!)

„Sie stehen nicht allein" — das ist's! Keiner von allen Produktionszweigen steht isoliert. Neben dem einen stehen andere, die weniger schutzbedürftig sind; andere, die so gut genährt sind, daß man befugt wäre, von Hypertrophie zu sprechen; andere, die Gefahr laufen, — verzeihen Sie das harte Wort — im eigenen Fett zu ersticken, wenn ihnen nicht Gelegenheit geboten wird, einen erklecklichen Teil ihres Specks durch Bewegungsfreiheit an den Mann zu bringen. (Heiterkeit.) Diese sind begreiflicherweise Freihändler und müssen es sein und haben dasselbe Recht wie die Schutzbedürftigen, berücksichtigt zu werden. Um ihretwillen müssen wir mehr oder minder Freihändler sein. (Hört! Hört!)

Ist das ein Widerspruch? Ist es denkbar, zugleich Schutzzoll- und Freihandelspolitik zu betreiben? Ich sage entschieden: Ja und abermals Ja! Der einzelne für sich kann das freilich nicht; wohl aber die höhere Einheit, sie muß es können. Es muß in einem und demselben rationell geleiteten Staatswesen Mittel geben, dem wirtschaftlich Schwachen und Schutzbedürftigen — Schutz, dem wirtschaftlich Starken und Freiheitsbedürftigen aber — Freiheit zu bieten. (Beifall.)

Und da komme ich denn auf unseren hochverehrten Gast zurück und direkt zur Nutzanwendung aus seinen Ausführungen. Ich gestehe, als den geeignetsten, ja als den einzigen Weg zu dem soeben angedeuteten ersten und letzten Ziele betrachte ich die Schaffung einer Vereinigung, wie der Herr Vortragende sie zwischen den Zeilen seiner Rede wohl sehen ließ, ohne jedoch das Pünktchen auf das i zu setzen — die Schaffung eines mitteleuropäischen Wirtschaftsvereines, und zwar zu allernächst zur Vorbereitung der Abwehr unseres größten gemeinsamen Gegners, bevor er uns mit seiner Fünfundsechzig-Milliarden-Jahresproduktion völlig erdrückt hat. (Lebhafter Beifall.)

Lassen Sie uns zusammenstehen! Gemeinsame Aussprache über gemeinsame Angelegenheiten muß mit der Zeit billig denkende Männer zusammenführen und endlich gemeinsam handeln lehren. (Zustimmung.)

Auf Details möchte ich in diesem Augenblicke nicht eingehen. Lassen wir es, wie unser lieber Gast mit Recht erwartet, an Verständnis und ernsthaftem Wollen nicht fehlen. Noch einmal: Lassen Sie uns zusammenstehen! Wir werden uns kennen lernen und ich bezweifle nicht, wir werden uns dabei immer mehr und mehr achten lernen (Bravo! Bravo!), weil wir uns überzeugen werden, daß wir es ehrlich meinen und, was immer wir wollen, stets nur aus Liebe zu unserem großen, gemeinsamen Vaterlande wollen. (Lebhafter Beifall.) Ich will mich gerne bescheiden, diesen Gedanken hier offen und freimütig angeregt und einer ersten — ich wünsche und hoffe — ebenso offenen und freimütigen Diskussion zugeführt zu haben. (Lebhafter Beifall und Händeklatschen.)

Landtagsabgeordneter Ludwig Frankl spricht namens der Landwirte Herrn Professor Wolf den Dank für sein Referat aus. Seinen Worten werde gewiß die Tat folgen. Redner hebt die Wichtigkeit eines Zusammenschlusses in veterinärer Beziehung hervor, damit die veterinärpolizeilichen Vorschriften nicht zu veterinärpolitischen werden. Er begrüße es, daß heute wie vor einem Jahre die gemeinsame Gefahr Industrie und Landwirtschaft zusammengeführt habe und hoffe, daß sich alle Gruppen im allgemeinen Interesse zusammenschließen. (Beifall.)

Großindustrieller Artur Kuffler führt aus: Es freue ihn, daß es sich bei der Anregung des Vortragenden um eine Frage handle, in welcher die Interessen der Industrie und Landwirtschaft parallel laufen, so daß die Angelegenheit von einem gemeinsamen Gesichtspunkte aus betrachtet werden könne. Der Vortragende habe die von den Vereinigten Staaten drohende wirtschaftliche Gefahr für Europa gekennzeichnet. Über das Bestehen der Gefahr kann kein Zweifel obwalten, es handle sich also zunächst um die Frage, ob die zur Bekämpfung vorgeschlagenen Mittel die geeigneten seien. Ferner muß erhoben werden, zwischen welchen Staaten die wirtschaftliche Annäherung angestrebt werden soll. Wenn an eine Annäherung z. B. an Rußland gedacht wird, so dürfte das den Agrariern ebenso gefährlich scheinen als den Industriellen die Annäherung an die industriell hochentwickelten Staaten Mitteleuropas. (Beifall.)

Reichsritter von Hohenblum erörtert die vom Referenten gegebene Anregung vom agrarischen Standpunkte. Wir Agrarier sind, sagt er, durchaus keine Feinde der Industrie. Wir wissen, daß die Industrie der beste Abnehmer unseres heimischen Produktes ist, wissen aber auch, daß die Industrie in erster Linie auf den heimischen Markt angewiesen ist. Wir haben gegen die Industrie bloß Stellung genommen, weil sie uns nicht das gleiche Recht, welches sie für sich in Anspruch nimmt, gewähren will. Warum wollen Sie für Ihre Industrieprodukte besonderen Schutz in Anspruch nehmen, uns ihn aber für unsere Produkte nicht gewähren? Die Landwirtschaft ist die Wurzel des Baumes der Volkswirtschaft. Wenn die Wurzel abstirbt, stürzt der Baum zusammen. (Lebhafter Beifall.)

Zum Schluß nimmt Professor Wolf nochmals das Wort.

Er weist darauf hin, daß, wenn von einem Verein zur Förderung der gemeinsamen wirtschaftlichen Interessen der mitteleuropäischen Staaten die Rede sei, an die Einbeziehung Rußlands, zunächst wenigstens, nicht wohl gedacht sein könne. Weiterhin erklärt er, daß dem offiziellen Programm des Vereins zufolge die wirtschafts- und zollpolitische Autonomie der beteiligten Staaten niemals Gegenstand einer Beschränkung sein dürfe, wenn der betreffende Staat nicht selbst sie wünsche.

Was den sogen. Kampf mit Amerika betrifft, so sei festzuhalten, daß der Verein auch hier nicht für den Angriff, sondern nur für die Abwehr rüsten wolle. Ein Einvernehmen der mitteleuropäischen Staaten, wie der Wirtschaftsverein es plane, biete allein die Möglichkeit, Amerika gegenüber „Reziprozität“ zur Anwendung zu bringen, ohne den eigenen Staat darum zu schädigen. Behandlung Amerikas ungefähr auf dem Fuße der Behandlung, die es uns angedeihen läßt, das sei die Parole. Ein Einvernehmen der mitteleuropäischen Staaten biete die Möglichkeit, von allen Mitteln der Gewalt zu abstrahieren und bei aller Wahrung des eigenen Interesses jedem Konflikte, sei er politisch oder wirtschaftspolitisch, aus dem Wege zu gehen. Er freue sich, der heutigen Versammlung entnehmen zu können, daß die Führer der Industrie und der Landwirtschaft und, wie dem allseitigen Beifall zu entnehmen, auch Vertreter des Konsumenteninteresses eins mit ihm seien. Er könne der Versammlung hierfür nur seinen lebhaftesten Dank aussprechen. Doppelt freue er sich unter diesen Umständen, der Aufforderung, nach Wien zu kommen, gefolgt zu sein. (Lebhafter Beifall.)

Fürst Auersperg dankt dem Referenten und den Rednern. Wie bei Differenzen im privaten Leben, sei auch im öffentlichen Leben eine wiederholte Aussprache das beste Mittel, um zu einer Verständigung zu kommen.

Um ½12 Uhr Nachts wurde die um 8 Uhr begonnene Versammlung geschlossen.

FSC
www.fsc.org
MIX
Papier | Fördert
gute Waldnutzung
FSC® C083411

Kolibri 360 GmbH
Ferdinand-Jühlke-Straße 7
99095 Erfurt, Deutschland
produktsicherheit@kolibri360.de